1. Auflage 2002
EHAPA COMIC COLLECTION
10179 Berlin
Übersetzung: Susanne Walter
Übersetzung der Comics von S. 82, 148, 249 und 263:
Dr. Erika Fuchs
Verlagsleitung und verantwortlich für diese Ausgabe:
Michael F. Walz
Redaktion: Anna Mozer
Lettering: LetterFactory
Gestaltung: Thies Köpke, Steffen Kawelke,
Conny Weber, Annette Zahl
Koordination: Andrea Reule
Buchherstellung: Uwe Oertel
Originaltitel: Carl Barks – l'Uomo dei Paperi
© 1996 Disney Enterprises, Inc.
Deutschsprachige Ausgabe: EGMONT EHAPA VERLAG GMBH, Berlin 2002
Druck und Verarbeitung: Drogowiec, Polen
ISBN 3-7704-2792-0

Fotonachweise:
Coverfoto von Jim Mitchell
S. 8/9 von Bernhard Schauch,
aus dem Buch *Wer ist Carl Barks*
von Gottfried Helnwein

Egal, was Sie sammeln, hier werden Sie fündig:
http://www.ehapa.de

CARL BARKS
Der Vater der Ducks

INHALT

Carl Barks

Vorwort: In jedem von uns steckt ein Duck *von Lidia Cannatella*	7
Das Leben des Meisters: Carl Barks, vom Laufburschen … zum Comickünstler *von Luca Boschi*	10
Der Karikaturist: Auf Du und Du mit der Ironie *von Luca Boschi*	18
Vor den Comics: Barks und die Trickfilme *von Alberto Becattini*	22
Filmografie: Carl Barks – Die komplette Filmografie *von Alberto Becattini*	26
Northwest Mounted: Micky Maus in Klondike *von Luca Boschi*	42
Northwest Mounted (Das Storyboard zu einem Film, der nie gedreht wurde, 1936) Text und Zeichnungen von Carl Barks	45
Im Universum der Sprechblasen: Die Comics von Carl Barks *von Luca Boschi*	68
Detailsuche: Das alte Kalifornien des Carl Barks *von Lidia Cannatella*	76
Im alten Kalifornien* *Donald Duck in Old California* (BL-DD 19/1 Nr. 328, Mai 1951) Text und Zeichnungen von Carl Barks	82
Detailsuche: Barks und die Quellen seiner Inspiration *von Alberto Becattini*	138
Detailsuche: Der Fluch des Albatros *von Alberto Becattini*	146
Der Fluch des Albatros* *Donald and Daisy - The Not-So-Ancient Mariner* (BL-WDC 51/5, September 1966) Text und Zeichnungen von Carl Barks	148
Das Interview: Auf Du und Du mit dem Vater der Ducks *von Lidia Cannatella*	168
Galerie der Erinnerungen: Ein Fotoalbum	178
Die Figuren des Meisters: Das muntere Völkchen des Carl Barks *von Alberto Becattini*	182
Eine Hommage an Carl Barks: Viele Enten und eine Maus *von Lidia Cannatella*	186
Der Künstler aus Rapallo: Luciano Bottaro *von Lidia Cannatello*	188
Donald Duck und die wahre Geschichte der Weltraumwanze *Paperino e la vera storia della cimice Tuff-Tuff* Idee, Text und Zeichnungen von Luciano Bottaro	189
Ein unkonventioneller Autor: Massimo De Vita *von Lidia Cannatella*	198

* Im Sinne der Werktreue sind alle Geschichten, die vor der Rechtschreibreform übersetzt wurden, in alter Rechtschreibung belassen worden.

Der Vater der Ducks

Micky Maus und der König von Amerika — **199**
Topolini e l'imperatore d'America
Idee, Text und Zeichnungen von Massimo De Vita

Mit Liebe aus Venedig: **Giorgio Cavazzano** von Lidia Cannatella — **208**

Onkel Dagobert und der Vater der Ducks — **209**
Zio Paperone e L'Uomo dei paperi
(*Topolino* Nr. 1919 vom 6. September 1992) Text: Rudi Salvagnini, Zeichnungen: Giorgio Cavazzano

Ein Meister aus Genua: **Giovan Battista Carpi** von Luca Boschi — **230**

Das Ungeheuer vom Schwefelsee — **231**
Sta' in guardia dal Lago die Guarda (*Qui Quo Qua*, Oktober 1992)
Text von Carl Barks, Adaption von Luca Boschi, Zeichnungen von Giovan Battista Carpi
(Neufassung von *Huey, Dewey and Louie Junior Woodchucks – Be Leery of Lake Eerie*,
aus der Nr. 17 von *Huey, Dewey und Louie Junior Woodchucks* vom November 1972
mit Zeichnungen von Kay Wright)

Barks' „Vize": **Vicar** von Alberto Becattini — **248**

Donald Duck – Der Punschcremtorten-König* — **249**
Donald Duck – Hang Gliders Be Hanged
(*Anders And & Co.*, 1983 3/1984 11) Idee von Carl Barks, Skript von Tom Anderson, Zeichnungen von Vicar

Nach Barks kommt Don Rosa: **Der größte Erzähler des 20. Jahrhunderts** von Luca Boschi — **260**

Daniel Düsentrieb - Der Rattenfänger von Entenhausen* — **263**
Gyro Gearloose in The Pied Piper of Duckburg (BL DÜ 2/10)
Text und Vorzeichnungen von Carl Barks – Tusche von Don Rosa (Seite 1-3)
Text und Zeichnungen von Don Rosa (Seite 4-8)

Begegnungen: **Zwei Amerikaner in Entenhausen** von Luca Boschi — **272**

Ein Barks-Philologe: **Daan Jippes** von Alberto Becattini — **280**

Fähnlein Fieselschweif in Wale in Gefahr — **281**
(*Wailing Whalers*, *Donald Duck*, Nr. 43, 29 Oktober 1999, Holland)
Text von Carl Barks, Zeichnungen von Daan Jippes
(Die erste Version der Geschichte wurde in *Huey, Dewey and Louie - Junior Woodchucks* Nr. 15 im Juli 1872 veröffentlicht. Zeichnungen von Kay Wright)

Eine denkwürdige Reise: **Carl Barks in Deutschland** von Orestes Bernardello — **300**

Der Test: **Sind Sie barksophil?** von Luca Boschi — **308**

Stellen Sie fest, wie barksfest Sie sind: **Lösungen** von Luca Boschi — **314**

Abkürzungen:
BL-WDC = Barks Library: Walt Disney's Comics & Stories
BL-DD = Barks Library Special: Donald Duck
BL-OD = Barks Library Special: Onkel Dagobert
BL-DÜ = Barks Library Special: Daniel Düsentrieb
BL-FF = Barks Library Special: Fähnlein Fieselschweif
CBL = Carl Barks Libary
FC = Four Color Comic

GG = Gyro Gearloose
HDL = Huey, Dewey and Louie Junior Woodchucks
LFC = Large Feature Comic
NAD = Neue Abenteuer der Ducks
MM = Micky-Maus-Magazin
US = Uncle Scrooge
WDC = Walt Disney Comic's & Stories

VORWORT

In jedem von uns steckt ein DUCK

Carl Barks ist der berühmte Vater der Ducks und der unübertroffene Künstler, der den sympathischen, wenn auch aufreizend knauserigen Dagobert Duck zum Leben erweckte. Er umgab ihn mit Freunden und Feinden und machte ihn reich - so reich, dass er seine drei Kubikhektar Taler in einem Geldspeicher bunkern muss, auf dem schon von weitem sichtbare Dollarzeichen glänzen.

Dieses Buch ist eine Hommage an Carl Barks, den Mann, der einen beschwerlichen Weg bewältigen musste, bevor er zu den Disney-Comics fand. Nach zahlreichen Jobs – als Wagenbauer bei der Eisenbahn, Hühnerzüchter, Karikaturist und Drehbuchautor – trat er schließlich in die magische Welt der Disney-Comics ein.
Als er diese Welt später verließ, begann er Ölbilder zu malen, die Tausende von Dollars wert sind und in denen immer noch die Ducks die Hauptrolle spielen.

Aber das wahre Genie von Carl Barks lag darin, dass er nicht einmal sein Haus verlassen musste, um von weit entfernten Orten und vergangenen Zeiten zu erzählen. Die Genauigkeit seiner Zeichnungen verschafft ihnen eine derartige Glaubwürdigkeit, dass jeder davon überzeugt ist, Barks müsse selbst dort gewesen sein. Zum Glück hat er uns seine „Tricks" hinterlassen, denn so kann seine Arbeit fortgesetzt werden. Überall in der Welt gibt es Künstler, die Daniel Düsentrieb, die Panzerknacker, Gustav Gans, Gundel Gaukeley, Tick, Trick und Track weiterhin Abenteuer erleben lassen. Diese Figuren sind nicht einfach nur Bewohner Entenhausens, sie bevölkern auch unsere Phantasie. Was wäre schon ein Leben ohne Donald und seinen reichen Onkel? In ihnen steckt auch ein wenig von uns. Erstens die Menschlichkeit und zweitens die Unternehmungslust. Dank Barks entdecken wir darüber hinaus in jeder Geschichte Seiten an den Ducks, die auch unsere sein könnten. Und die uns gar nicht einmal so missfallen.

Lidia Cannatella

Mit diesen Werkzeugen schuf Carl Barks, einer der größten Comickünstler des 20. Jahrhunderts, von 1942 bis 1973 seine unvergesslichen Geschichten.

DAS LEBEN DES MEISTERS

Der Lebenslauf des Meisters umfasst 99 wunderbare und abenteuerliche Jahre sowie eine Karriere, die lang, aber auch ein wenig seltsam war.

Carl vom Laufburschen ...

1901

Am 27. März 1901 wird **Carl Barks** in **Merril**, Oregon (USA), als Sohn des vierzigjährigen William Barks und der gleichaltrigen Arminta Johnson geboren. Beide stammen aus Missouri, haben gemeinsam die Schulbank gedrückt und besitzen nun eine Ranch. In den Adern des großen Entenmanns fließt seitens des Vaters holländisches, seitens der Mutter schottisches Blut. Das Foto links zeigt Carl im Alter von 18 Monaten, neben ihm sein älterer Bruder Clyde.

1908

Die Familie Barks zieht in die Kleinstadt **Midland**. Dort bietet die Eisenbahn, die in jenen Jahren gerade erst durch Oregon verlegt wurde, Arbeit. Gemeinsam mit seinem großen Bruder legt der künftige Schöpfer von Onkel Dagobert die überfüllten Viehwaggons der Züge, die aus dem Osten kommen, mit Stroh aus und füttert die Tiere.

Barks

... zum Comickünstler

1910

Familie Barks zieht nach **Santa Rosa** in Kalifornien, um dort ihr Geld mit einer Pflaumenplantage zu verdienen. Doch die Geschäfte laufen so schlecht, dass William Barks einen Nervenzusammenbruch erleidet. Unterdessen hat der kleine Carl zum ersten Mal **die Idee, Zeichner zu werden**. Schuld daran ist einer seiner Mitschüler, der einen Fernkurs im Cartoonzeichnen absolviert hat. Carl überzeugt seinen Vater davon, ihn in der School of Cartooning (rechts oben: ein Werbetext der Schule) einzuschreiben, nimmt letztlich jedoch nur an wenigen Unterrichtsstunden teil.

Das Haus der Barks in Santa Rosa. Von links: Arminta, eine Angestellte, Carl (10 Jahre alt) und Clyde.

1912

Die Familie kehrt nach Oregon zurück. Doch da die Schule fünf Meilen entfernt ist und Carl zudem Probleme mit dem Gehör bekommt, geht er nicht auf die High School. Seine Zeichenstudien setzt er **autodidaktisch** fort. Besonders die Zeichnungen der beiden Tageszeitungscartoonisten **Charles Philippi** (mit dem er später als Layout-Zeichner bei Disney arbeitet) und **Billy Horn** haben es ihm angetan.

1918

Mit etwa 100 Dollar in der Tasche zieht Carl Barks kurz vor Weihnachten nach **San Francisco**. Er ist sich sicher, dass er dort Arbeit finden wird. Doch der Erste Weltkrieg ist gerade vorbei und die freien Arbeitsplätze sind daher den heimgekehrten Soldaten vorbehalten. So arbeitet Barks als **Laufbursche** für zwölf Dollar pro Woche in einer kleinen Druckerei. Hin und wieder schickt er Zeichnungen zum *Bulletin* oder dem *Examiner*, jedoch ohne Erfolg.

DAS LEBEN DES MEISTERS

1923

Barks heiratet und zieht nach Roseville, welches mitten in Kalifornien liegt. Dort arbeitet er für die Pacific Fruit Express Company in der Wagenwerkstatt. Aus der Ehe gehen zwei Töchter hervor.

1928

Im Sommer 1927 verkauft er zum ersten Mal Zeichnungen an ein humoristisches Männermagazin mit Sitz in Minneapolis, den Calgary Eye-Opener. Nun verbringt Carl seine gesamte Freizeit mit Zeichnen, einer Leidenschaft, für die seine Frau wenig übrig hat und sich deshalb Anfang 1930 von ihm scheiden lässt.

The Dizzi World (rechts) ist ein Werbeplakat für das Magazin *Coo-Coo*, dessen Logo Carl Barks zeichnete (links).

1931

Im November erhält Barks vom Herausgeber Ed Summer eine feste Anstellung beim Calgary Eye-Opener als Mädchen für alles (Gag-Mann, Illustrator etc.). In den folgenden vier Jahren schreibt und zeichnet Barks das Magazin praktisch allein, signiert jedoch mit verschiedenen Namen, damit es so aussieht, als gäbe es einen engagierten Mitarbeiterstab. Er verdient 100 Dollar pro Monat.

1935

In einer Tageszeitung liest Barks, dass Walt Disney neue Talente für die Trickfilmproduktion sucht. Dabei geht es vor allem darum, der Abteilung zu helfen, die im Studio seit zwei Jahren an dem Spielfilm *Schneewittchen und die sieben Zwerge* arbeitet. Barks schickt zwei Zeichnungen und zwei Skizzen an Disney (eine davon ist rechts zu sehen). Kurz darauf erhält er ein Antwortschreiben, in dem er gebeten wird, noch im November zu kommen und an einem Zeichenkurs teilzunehmen.

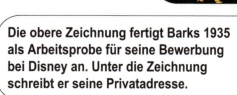

Die obere Zeichnung fertigt Barks 1935 als Arbeitsprobe für seine Bewerbung bei Disney an. Unter die Zeichnung schreibt er seine Privatadresse.

1936

Barks wird von Disney als **Zwischenphasenzeichner** (Zeichner, der die Bewegungsphasen zwischen den Schlüsselszenen fertigt) eingestellt. Er arbeitet in der Gruppe von George Drake und erhält ein Gehalt von 20 Dollar pro Woche. Nach einem Monat wechselt Barks in die Drehbuchabteilung. Zudem schreibt Barks seinen ersten Gag für Donald.

Ein Bild von *Zauberer Micky* (1937), zeitgleich mit *Modern Inventions* fertiggestellt.

1937

Mit **Jack King** als Regisseur entsteht der erste Donald-Kurzfilm, zu dem Barks einen Beitrag leistet. Er heißt *Modern Inventions*. Walt Disney zahlt Barks sogar eine **Prämie** von 50 Dollar dafür, dass er die Idee gehabt hat, Donald kopfüber in einem Robotor-Friseurstuhl aufzuhängen, der ihm den Bürzel schneidet und den Kopf mit Schuhcreme einschmiert.

1938

Da Barks als Drehbuchautor noch zu unerfahren ist, um seine Ideen selbst umsetzen zu können, wird er in das Team von **Harry Reeves** gesteckt, zu dem auch der Ex-Trickfilmzeichner **Chuck Couch** gehört. Hier entwickelt Barks während der Arbeiten zu dem Kurzfilm *Good Scouts* die grundlegende Idee, die später zur „Gründung" des **Fähnlein Fieselschweifs** führen sollte.

Tick, Trick und Track aus *Donald's Nephews*, 1938. Durch sie ändert sich Donalds Leben.

1939

Gemeinsam mit Harry Reeves **erfindet Barks seine erste Erfolgsfigur**: den gefräßigen und trägen Gustav Goose (Franz Gans), dessen Mimik ein wenig an Stan Laurel erinnert. In dem Film *Donald's Cousin Gus* gibt er sein Debüt.

1942

Die **Western Printing & Lithographing Co.**, ein Verlag, der Comics und Bücher mit Disney-Figuren herausbringt, benötigt eine originelle Geschichte. Barks und sein Kollege, der Zeichner Jack Hannah, arbeiten in ihrer freien Zeit daran, und dies sozusagen vierhändig. Die Geschichte erscheint in der Serie *Four Color* unter dem Titel *Donald Duck Finds Pirate Gold* (*Piratengold*, BL-DD 1/1) und ist Barks' zweite Donald-Geschichte in Comicform. Die erste war *Pluto Saves the Ship* (LFZ 7), die ebenfalls unter der Mitarbeit von Jack Hannah und Nick George entstand.

Eine besonders schöne Nahaufnahme von Black Pete (Kater Karlo) aus *Piratengold*.

DAS LEBEN DES MEISTERS

1943

Eine ironische Karikatur, die „Barkie" während des Krieges zeichnet.

Inzwischen betreiben Barks und seine zweite Frau eine **Hühnerfarm in San Jacinto**. Am 6. November des Vorjahres hatte Barks bei Disney gekündigt, weil das Studio mehr und mehr Militärfilme produzierte. Doch er hält den Kontakt aufrecht, so dass im April zum ersten Mal eine Donald-Duck-Geschichte von Barks unter dem Label WDC&S vertrieben wird. Sie heißt The Victory Garden (*Gesundheitsgemüse*, BL-WDC 1/1). Einen Monat darauf erscheint The Rabbit's Foot (*Die fabelhafte Hasenpfote*, BL-WDC 1/2), die erste Geschichte, die Barks geschrieben und gezeichnet hat.

Verschiedene Themen aus einer Hand – der von Barks.

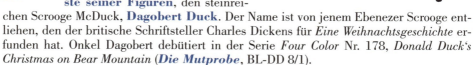

1947

Im Zusammenhang mit Weihnachten entwickelt Barks in diesem Jahr die wohl **bedeutendste seiner Figuren**, den steinreichen Scrooge McDuck, **Dagobert Duck**. Der Name ist von jenem Ebenezer Scrooge entliehen, den der britische Schriftsteller Charles Dickens für *Eine Weihnachtsgeschichte* erfunden hat. Onkel Dagobert debütiert in der Serie *Four Color* Nr. 178, Donald Duck's Christmas on Bear Mountain (*Die Mutprobe*, BL-DD 8/1).

1951

Auch Barks zweite Ehe scheitert und wird im Dezember geschieden. Und wieder schreibt Barks eine seiner unvergesslichen Geschichten **in einer Zeit größter Schwierigkeiten**. So nimmt das erste Uncle-Scrooge-Heft im September an einem Moteltisch in Los Angeles Formen an.

1954

Barks heiratet seine **dritte Frau**, die Malerin **Margarete Williams** (links auf dem Foto zu sehen), von ihren Freunden **Garé** genannt. Sie arbeitet als seine Assistentin, übernimmt das Lettering und hilft bei den Hintergrundzeichnungen mit. Garé bleibt bis zu ihrem Tod im Jahr 1993 bei dem Vater der Ducks.

1958

Barks wird Angestellter von Western, wodurch sich der Verlag einen enormen Verkaufserfolg sichert. Das Comicheft *Walt Disney's Comics & Stories*, das monatlich mit einer seiner Donald-Geschichten erscheint, erreicht die höchsten Verkaufszahlen aller Zeiten. Es übertrumpft sogar die Septembernummer von 1953 mit ihren 3 Millionen verkauften Exemplaren.

1966

Am 30. Juni 1966 geht Carl Barks in Rente. Ein Jahr später wird er aber gebeten, die Geschichte *Daisy Ducks Diary - The Dainty Daredevil* (*Genau der richtige Job*, MM 36/73) zu zeichnen. Darüber hinaus schreibt er in den Jahren bis 1973 für Western noch mehr als 20 Manuskripte, zumeist für das neue *Junior-Woodchucks*-Heft (*Fähnlein Fieselschweif*). In den 23 Jahren seiner Arbeit für das Verlagshaus hat er ihm 660 Geschichten beschert.

Mario Gentilini (1909 - 1988), Ehemals Direktor von *Topolino*.

1968

In dem Buch *Vita e dollari di Paperon de' Paperoni* wird Barks in Italien zum ersten Mal **offiziell als Autor der Disney-Storys** genannt (*Das Leben und die Taler des Dagobert Duck* von Dino Buzzati und Mario Gentilini - Foto links). In Deutschland sind es Wolfgang J. Fuchs und Reinhold C. Reitberger, die drei Jahre später, 1971, in dem Buch *Comics - Anatomie eines Massenmediums* die Leser mit Barks vertraut machen.

1971

Der kalifornische Sammler **Glenn Bray** nimmt ein Ölbild von Carl Barks in Kommission, als dessen Vorlage eine Geschichte aus *Walt Disney's Comics & Stories* Nr. 108 (1949) gedient hat. Barks, der von seiner Frau die Technik der Ölmalerei erlernt hat, erhält von Disney die Erlaubnis, die Entenhausener zu verwerten. Das Ölbild wird für **150 Dollar** verkauft. Als die Zahl seiner Fans steigt, hebt er die Preise an, weil er glaubt, dadurch die Nachfrage dämpfen zu können - doch umsonst.

Zwei berühmte Ölbilder von Barks, die durch seine Geschichten inspiriert sind.

DAS LEBEN DES MEISTERS

1974

Beim Abi Melzer Verlag erscheinen vier großformatige Buchausgaben, die mit *Ich, Onkel Dagobert* und *Ich, Onkel Donald* betitelt sind. In ummontierter Form, dazu neu übersetzt, rücken sie Carl Barks und seine Geschichten in den Mittelpunkt.

1976

Nachdem Barks 122 Gemälde gefertigt hat, entzieht ihm Disney die Erlaubnis, die Bilder zu verkaufen, weil eine nicht autorisierte Reproduktion aufgetaucht ist. Das Gemälde, das bis dahin den höchsten Preis erzielt hat, ist *July Fourth in Duckburg*, eine wunderbare Darstellung des amerikanischen Nationalfeiertages. Es wird auf einer Auktion in New York für **6.400 Dollar** versteigert.

1978

Die Aktivitäten des **Malers Barks** setzen sich mit Öl- und Aquarellbildern fort, auf denen keine Disney-Themen mehr zu sehen sind. Allerdings tauchen in vielen Szenen anthropomorphe Enten auf, die Barks jedoch **frei erfunden** hat.

1980

Da das Interesse an Bildern und alten Comicgeschichten von Barks nicht nachlässt, erteilt Disney Barks wieder die **Erlaubnis, Ölbilder von Donald & Co. zu malen**. Der Verlag Celestial Arts verwertet **zahlreiche Lithografien** für eine Prestigeausgabe, an der er mitgearbeitet hat, und die im folgenden Jahr erscheint. Später werden viele andere Lithografien in limitierter Auflage unter dem Label **Another Rainbow** vertrieben.

1981

Als Tribut an Barks Ruhm, der inzwischen enorme Ausmaße angenommen hat, schreibt der Schriftsteller und Gründer des Magazins *Funnyworld*, **Michael Barrier**, sein Buch **Carl Barks and the Art of the Comic Book** (*Carl Barks - Die Biografie*), das vom New Yorker Verleger M. Lilien herausgegeben wird.
Im April erscheint dann das Buch **Uncle Scrooge McDuck, His Life and Times** von Celestial Arts, in dem sich auch eine neue Geschichte mit 12 Aquarellen von Barks findet: *Go slowly, Sands of Time!* (*Langsam rinnt der Sand der Zeit*, BL-OD 2/49).

Ein Foto von Kenneth A. Rogers (1984), das Carl Barks in seinem Studio mit einem seiner kostbarsten Ölbilder zeigt.

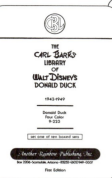

Eine stark verkleinerte Reproduktion der Titelseite einer Ausgabe der *Carl Barks Library*.

1987

In Italien erscheint zum ersten Mal die Reihe *ZIO PAPERONE* (*Onkel Dagobert*), in der das gesamte Comicwerk von Barks veröffentlicht werden soll. Weitere Initiativen folgen weltweit, wobei die *Carl Barks Library*, eine aufwendige, fest gebundene Buchreihe von 30 Bänden, herausgegeben von Another Rainbow, sicher die bedeutendste ist.

1994

Barks betritt zum ersten Mal in seinem Leben den europäischen Kontinent - zwecks einer Promotiontournee. In sieben Wochen reist er durch elf Länder und wird dabei geehrt wie sonst nur Staatsoberhäupter und Rockstars.
Zusammen mit seinem amerikanischen Kollegen **William Van Horn** veröffentlicht er eine neue Geschichte unter dem Titel: *Horsing Around with History* (*Geschichte und Geschichten*, NAD 1/1).

Eines der letzten Fotos (1998) des Vaters der Ducks in seinem Studio in Grants Pass, Oregon.

1998

Im Frühling wird ein Ölbild von Carl Barks für den Rekordpreis von 500.000 Dollar verkauft.
Zwei Jahre zuvor hatte ein anderes Bild mit 230.000 Dollar den damaligen Rekord gebrochen. Es ist das kleinformatige Ölbild *Trespassers Will Be Ventilated*.

2000

Am 25. August stirbt der **Comic Book King**, der Vater der Ducks, der größte Erzähler des 20. Jahrhunderts: Carl Barks. Er hinterlässt eine enorme Leere und eine unermessliche Erbschaft an phantastischen Ideen.

DER KARIKATURIST

Weniger bekannt ist, dass Barks, bevor er sich ausschließlich den Disney-Comics widmete, als Karikaturist für den *Calgary Eye-Opener* gearbeitet hat.
Zu dieser Zeit war Barks ein junger Mann von Ende 20, der es liebte, Frauen in humorvollen Gags darzustellen.

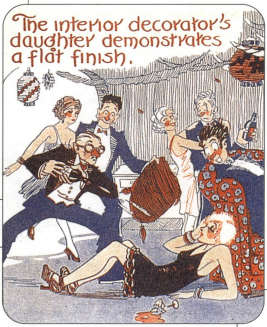

In einem seiner letzten Interviews offenbarte Carl Barks, dass die Entscheidung, eine Karriere als Zeichner anzustreben, durch die vielen ungeliebten Jobs beeinflusst war, mit denen er sich in den ersten Jahrzehnten seines Lebens über Wasser gehalten hatte. „Da lag es in den dreißiger Jahren sehr nah, in die Sparte der freiberuflichen Cartoonisten zu wechseln", behauptete der Vater der Ducks. „Denn zwischen 1928 und 1929 hatte ich Karikaturen für das Magazin *Judge* angefertigt. Und das überzeugte mich davon, dass ich genug Gags verkaufen würde, um davon leben zu können, statt weiter so hart arbeiten zu müssen." Außer für das *Judge* zeichnete Barks noch für ein paar Ausgaben des angesehenen Magazins *College Humor*. Den

1929. Barks karikiert sich selbst. Er ist der junge Mann mit dem Kissen in der Hand. Zu jener Zeit wurden solche Drucke zweifarbig in rot und blau hergestellt.

Auf Du und Du mit der Ironie

In der ersten Zeit als Karikaturist beim *Calgary Eye-Opener* übertrug Barks häufig Textmaterial, das ihm auf den Redaktionstisch geflattert kam, in ein einziges Bild ohne Worte. Diese Karikatur ist ein typisches Beispiel dafür. Sie wurde im Juni 1929 gezeichnet.

größten Teil seiner Arbeiten vor Disney entwickelte Barks jedoch für den *Calgary Eye-Opener*, ein **humoristisches Magazin**, das vor allem von Männern gelesen wurde und in den Jahrzehnten vor dem Auftauchen solcher Magazine wie *Esquire* und *Playboy* typisch für dieses Genre war.

Die Erfahrung bei Calgary

In **Taschenbuchformat** auf schlechtem Papier gedruckt, bot der *Calgary Eye-Opener* Reimgedichtchen an, Anekdoten, Kurzgeschichten und Witze über skurrile Typen und verrückte Schlauberger. Aber vor allem ging es um das „animalische Denken" von Frauen, um das Leben von

August 1930. In diesem „kernigen" Bild hat sich Barks selbst karikiert.

Paaren, ethnischen Minderheiten und Personen, die zu heftig dem Alkohol zusprachen.

Wir wissen nicht, ob Barks in dieser Zeit mit sich als Künstler oder mit seiner Arbeit unzufrieden war. Sicher ist jedoch, dass er weiter studierte, um sich zu **verbessern**, wie an den großen Unterschieden in der Ausführung seiner Karikaturen und Illustrationen zu sehen ist. Er ließ stilistische Elemente anderer Künstler in seine Arbeiten einfließen und experimentierte mit ihnen. Vor allem der Einfluss berühmter Cartoonisten wie Russel Patterson und Jefferson Machamer ist deutlich zu erkennen, ebenso das Studium von manch obskurem Karikaturisten, welche damals für Magazine wie *Life* oder *College Humor* arbeiteten.

In dieser Zeichnung aus dem Jahr 1931 gibt es viele „Kleinigkeiten" zu entdecken: Der Fisch, der in Panik aus dem Wasser springt, weil eine schwarze Katze in sein Glas gesprungen ist, sowie das Entenvögelchen und ein karikiertes Porträt.

Gleichzeitig begann Barks auch, sich für so geschätzte Comiczeichner wie Segar, Zeichner von **Popeye**, oder Roy Grane, der **Wash Tubbs** zeichnete, zu interessieren. Darüber hinaus finden sich deutliche Anhaltspunkte dafür, dass Barks sich auch mit Floyd Gottfredson und dessen **Micky Maus** beschäftigte.

Es sah nach viel aus, aber ...

Die Vielfalt seiner Stile war jedoch auch ein klarer Notbehelf, um den Eindruck zu erwecken, in der Redaktion sei eine ansehnliche Gruppe von Zeichnern eifrig am Werk. Je nach Stil signierte Barks daher die Arbeiten mit einem anderen (falschen) Namen. Allerdings befinden sich unter diesen Arbeiten wenigstens ein paar, in denen er sich selbst in karikierter Form verewigt hat. So ironisierte Barks in einem Comic seinen Wunsch nach dem idealen Klima für seine zeichnerische Tätigkeit, während er in einer weiteren Karikatur der Tochter des Tuschers zur Hilfe eilt. In bei-

Diese Zeichnung, mit Barks' Signatur unten rechts, erschien 1930 in der November-Nummer des *Judge*. Zu dieser Zeit war er bereits seit zwei Jahren als freiberuflicher Cartoonist tätig.

Juli 1931. Auf einem traditionellen Bauernhof sieht man einen Vorläufer von Donald Duck.

Wie soll man diese sympathischen kleinen Tiere, die das Paar zum Strand begleitet haben, definieren? Als Vorläufer der Ducks? Es ist das Jahr 1931 und Barks hat in der linken Ecke signiert.

Eine kleine Zeichnung verlangt eine kleine Signatur: nur ein bescheidenes „B" in der unteren rechten Ecke.

den Fällen zeichnete sich Barks mit einer roten Nase. Dies wiederholte er später bei seiner Selbstkarikatur als Speerwerfer in einer Donald-Geschichte von 1956. Mit der Nase wollte er sicher keine Trunkenheit andeuten, sondern vielmehr auf die chronische Nebenhöhlenentzündung anspielen, die ihn viele Jahrzehnte lang quälte.

Die Rückkehr nach Kalifornien

Die Arbeit bei dem Magazin endete für Barks im Jahr 1935. Er zog nach Kalifornien zurück. Vier Jahre darauf musste der *Calgary Eye-Opener* seine Tore schließen. Vielleicht, weil er nicht wusste, wie er den Weggang seines besten Zeichners überleben sollte, bestimmt aber auch, weil am Vorabend des Zweiten Weltkrieges die Zeit für diese Art von Publikationen vorbei war.

Luca Boschi

Ab und an hat Barks mit aller Gewalt etwas Komisches in seine Zeichnungen gebastelt. In diesem Fall lässt er den Rettungsring grinsen.

Barks' Stil in dieser Zeichnung aus dem Jahr 1934 ist elegant und gekünstelt. Nachdem er den *Calgary Eye-Opener* verlassen hatte, um sich den Disney-Enten zu widmen, signierte er seine Arbeiten immer seltener.

VOR DEN COMICS

Mit 34 Jahren antwortete Barks auf eine Stellenanzeige der Disney Studios und betrat bald darauf zum ersten Mal das Studio. Zu Beginn hatte er Unmengen von „Zwischenphasenzeichnungen" anzufertigen, denn damals lag die computergesteuerte Trickfilm-Animation noch in weiter Ferne.
So wurde Barks routinierter, erfand einen Gag nach dem anderen. Eines Tages hatte er aber die Nase voll davon, was schließlich der Beginn des großen Comicabenteuers werden sollte. Zu dieser Zeit jedoch ahnte er das noch nicht einmal.

Eine schöne Illustration, die Barks 1935 in der Hoffnung an Walt Disney schickte, im Disney Studio Arbeit zu bekommen. Und die bekam er dann ja auch …

Im **November 1935** betrat Carl Barks zum ersten Mal das Disney Studio in 2719 Hyperion Avenue, Hollywood. Fünf Jahre lang hatte er Karikaturen für den *Calgary Eye-Opener* gezeichnet, doch das kleine humoristische Magazin in Minneapolis konnte sich vermutlich nicht mehr lange halten. Daher hatte der Künstler aus Oregon beschlossen, auf eine Zeitungsanzeige von Disney zu antworten. Er schickte einige neuere und ältere Zeichnungen ans Studio und wurde prompt nach

Barks und die Trickfilme

Eine Gruppe **Trickfilmzeichner** und Regisseure im Februar 1930 vor den Disney Studios. Von links nach rechts: Dick Lundy, Tom Palmer, Johnny Cannon, Dave Hand, Burt Gillet, Wilfred Jackson, Bert Lewis (Musiker), Walt Disney, Les Clark, Ben Sharpsteen, Norm Ferguson, Floyd Gottfredson und Jack King. Vor ihnen stehen ihre besten Freunde.

Jack Hannah (links), der Clarence Nash, genannt Ducky, eine Szene erklärt. Von Ducky hatte Donald die besondere Stimme, die wir alle kennen.

Kalifornien gerufen, um dort eine Probezeit von etwa einem Monat zu absolvieren.

Bilderflut

Während dieser Zeit besuchte er ein Zeichenseminar, um sich mit der Technik der Disney-Animation vertraut zu machen. Im Dezember wurde er Angestellter. Mit seinen 34 Jahren war er schon zehn Jahre älter als die anderen viel versprechenden Trickfilmzeichner (z.B. Frank Thomas, Ollie Johnston oder Ward Kimball), die schon seit einem Jahr im Studio arbeiteten. Seine erste Aufgabe bestand darin, eine Reihe **Inbetweens** (Zwischenphasenzeichnungen = Zeichnungen, die Schlüsselszenen verbinden) für den Micky-Maus-Kurzfilm *Thru the Mirror* zu zeichnen. Aber Trickfilmzeichner war eigentlich nicht sein Bestreben. Barks wollte viel mehr ein Autor für komische Situationen sein, weshalb er einige Gags bei der **Drehbuchabteilung** einreichte. Einer dieser Gags, in dem Donald von einem automatischen Friseurstuhl malträtiert wird, gefiel Walt Disney derart, dass er Barks eine Sonderprämie von 50 Dollar zahlte. Später beschloss Disney, Barks als Drehbuchautor einzustellen.

Ein kreatives Team

Der Gag mit dem Friseurstuhl wurde am Ende des Donald-Kurzfilmes **Modern Inventions** verwendet. Es war zugleich auch der erste Trickfilm, an dem Barks als Autor mitgearbeitet hatte. Er und der Regisseur Jack King hatten nämlich Anfang des Jahres 1936 zwei Monate über der Ausarbeitung des Drehbuchs gesessen. Als die Arbeit dann beendet war, wurde Barks ganz allein in ein winziges Zimmer gesteckt und mit der Aufgabe betraut, eine neue Geschichte zu entwickeln. Doch wie Barks berichtete, „wurde daraus nichts. Und Walt Disney oder Ted Sears [der Chef der Drehbuchabteilung, A.d.R.] sagte: Barks verschwendet nur seine Zeit. Er soll besser mit Harry Reeves arbeiten. Der hat mehr Erfahrung und wird seine wirren Gedanken in eine verwertbare Form bringen." Zu dem Team um Harry Reeves gehörte auch Chuck Couch, mit dem Barks 1939 an einigen Sequenzen für den Film *Bambi* arbeitete. Doch damals war Barks bereits der „**Duck Man**", denn in den 36 Kurzfilmen, an denen er beteiligt war, trat Donald Duck in nur zwei Filmen nicht auf. In der zweiten Hälfte des Jahres 1939 zog das Studio von Hollywood nach Burbank um, und Barks bildete nun mit Jack Hannah ein kreatives Team.

Zeichnung aus dem Storyboard zu *Timber*. Hierbei wurde jede Szene nummeriert und kam dann zur Endbearbeitung und Kolorierung.

Zwei Enten im Vergleich

In seinen Arbeiten für die Disney-Kurzfilme veränderte Barks den Erpel nicht grundlegend. Er identifizierte sich mit dem frechen Geschöpf, das so labil und jähzornig war und zu allem Überfluss auch noch das Talent besaß, ständig in Schwierigkeiten zu geraten. Verfolgte ihn das Pech einmal nicht, zog er es durch seine anmaßende Art an. Aber vor allem durch sein aufbrausendes Wesen waren Niederlagen einfach unausweichlich. Bei seinen drei Neffen scheiterte er immer dann, wenn er als leuchtendes Beispiel vorangehen wollte. Ihm fehlte das „Zeug" zum Vorbild und so handelte er sich eine Blamage nach der anderen ein.

Diese Charakterzüge behielt im Grunde auch der Donald in den Kurzfilmen von Barks bei, weil sie schlüssig waren und für die Lebendigkeit der Gags sorgten.

Zwei verschiedene Phasen aus *Timber* (Trickfilm von 1941, Regie: Jack King), an dem auch Barks mitgearbeitet hat.

Der Erpel als Sieger?

In den Comics „recycelte" Barks einige witzige Szenen aus den Drehbüchern. Dabei ersetzte er die latente Untauglichkeit Donalds, die er auf der Leinwand zeigte, durch grundsätzlich vorhandene Fähigkeiten, die der Erpel aber prompt durch seine Arroganz und Unvernunft wieder entwertete. Doch Donald wurde dadurch vielschichtiger und konnte

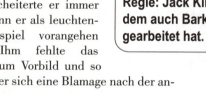

Skizzen zu *Fire Chief* (1940) einem Film, in dem sich Donald als Feuerwehrhauptmann aufspielt.

gelegentlich sogar als Sieger dastehen. Auch Tick, Trick und Track wandelten sich von aufsässigen Schelmen zu verantwortungsbewussten Jungen.

Die Trickfilme jedoch ließen noch nichts von dieser Evolution erahnen. Jedenfalls war Donald in *Timber* (1941) eher untypisch, ein „chaplinesker" Vagabund, der seine liebe Not mit einem Vorläufer von Kater Karlo hatte. Derselbe Kater Karlo spielte später in *Trombone Trouble* (1944) den lästigen Nachbarn der Familie Duck. Damit übernahm er die Rolle, die **Mr. Jones** (Zorngiebel) in den Comics spielen sollte. Barks hatte Jones während der Produktion von *Trombone Trouble* entwickelt und ließ ihn 1943 debütieren.

ken und visualisieren konnten als ich. Ich war in der Lage, mir einen Gag auszudenken, aber ich sah die Notwendigkeit nicht ein, ihn dann in viele einzelne Skizzen zu zerlegen."

... zum Comic ...

Barks verwendete später immer wieder Gags aus den Kurzfilmen in seinen Comicgeschichten. So z.B. bei *Donald Duck - Die Schulschwänzer* (BL-WDC 14/4), für die er auf Thema und Situation von *Truant Officer Donald* (1941) zurückgriff, während *Donald Duck - Spendieren oder schikanieren* (BL-DD 21/1) auf den Kurzfilm *Trick Or Treat* zurückgeht, mit dessen Produktion im Jahre 1952 Barks allerdings nichts mehr zu tun hatte.

Von der Leinwand ...

Am 16. November 1942 verließ Barks das Studio unter dem Vorwand, er hätte sich wegen der Klimaanlage eine Nebenhöhlenentzündung zugezogen. In Wahrheit wollte er nicht mehr im Studio arbeiten, weil die Produktion zu 90 Prozent aus Militärfilmen bestand. Zum anderen meinte der bescheidene, vierzigjährige Storyman, "dass sich die jungen Künstler viel besser Gags ausden-

... und umgekehrt

Für die Fernsehserie *DuckTales* (1987 - 91) wurden dann schließlich wiederum einige der berühmten Storys von Barks adaptiert. Außerdem führte die Serie einige seiner Figuren ein, wie **Mac Moneysac**, der bei dieser Gelegenheit gleich vom südafrikanischen Magnaten in einen schottischen Milliardär verwandelt wurde.

Alberto Becattini

Ein Gag von Barks aus *Truant Officer Donald*. Donald wird später die Grillhühner finden und glauben, es wären seine Neffen.

FILMOGRAFIE

Diese Filmografie enthält sämtliche Disney-Filme, bei denen Barks in irgendeiner Form beteiligt war, einschließlich der Filme, die nie verwirklicht wurden.

Die Daten im **ersten Abschnitt** beziehen sich jeweils auf die amerikanische Erstaufführung. Dabei muss man bedenken, dass der Entwurf zu einem Kurzfilm gewöhnlich etwa ein Jahr vor dem Kinostart fertig gestellt wurde.

Im **zweiten Abschnitt** beziehen sie sich auf die Fertigstellung des Entwurfs und/oder des Storyboards, da es hier um Filme geht, die nie gedreht wurden.

Die Abkürzung SD bedeutet, dass Carl Barks hier als Story Director direkt verantwortlich war.

Herzlichen Dank an **Dave Smith** und das **Disney Archiv in Burbank** für die wertvollen Daten.

KURZFILME UND ABENDFÜLLENDE SPIELFILME

Thru the Mirror
(30. Mai 1936)
Regie: Dave Hand. **Story**: Bill Cottrell, Joe Grant, Bob Kuwahara. **Animation**: Jack Bradbury, Hardie Gramatky, Dick Lundy, Bob Wickersham. **Musik**: Frank Churchill, Paul J. Smith.
Der Film ist eine Art Parodie auf *Alice hinter den Spiegeln* von Lewis Caroll. Micky Maus geht durch den Spiegel in seinem Zimmer (siehe Bild rechts) und findet sich in einer Welt wieder, in der er gegen verschiedene lebendig gewordene Gegenstände kämpfen muss.

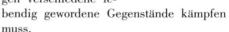

Barks arbeitete als **Zwischenphasenzeichner** an einer kurzen Sequenz, in der Micky Maus, mit Zylinderhut und Spazierstock, Fred Astaire imitiert und mit der Herzkönigin tanzt.

Modern Inventions
(29. Mai 1937)
Regie: Jack King. **Story**: Carl Barks, Jack King. **Animation**: Jack Hannah, Roy Williams, Milt Schaffer, Paul Allen, John McManus, Bernie Wolf, Johnny Cannon. **Musik**: Oliver Wallace.
Dieser Kurzfilm ist ein wenig durch Charles Chaplins *Moderne Zeiten* (1936) inspiriert. Donald besucht ein Wissenschaftsmuseum, in dem zahlreiche moderne Maschinen ausgestellt sind. Mit diesen Maschinen gerät der Erpel sofort in Konflikt, angefangen mit einem automatischen Butler, der ihm die Mütze abnehmen will.

Barks te Filmografie

Donald's Ostrich
(10. Dezember 1937)
Regie: Jack King. **Story**: Carl Barks, Harry Reeves. **Animation**: Bernie Wolf, Don Towsley, Paul Allen, Jack Hannah, Johnny Cannon, Milt Schaffer, Izzy Klein, John McManus.
Bahnhofsvorsteher Donald soll eine Straußendame namens **Hortense** (unten) bei der Adresse abliefern, an die sie geschickt wurde. Kaum dort angekommen, schlingt sie alles in sich hinein, einschließlich eines Radios.
Hortense wurde am 3. und 15. Oktober 1938 und Ende 1944 von Bob Karp und Al Taliaferro in Donald-Duck Zeitungsstrips wieder verwendet.
Zudem gibt es zwei weitere Comicstrips mit ihr, umgesetzt von Tom Wood und Hank Porter. Der erste erschien im Magazin *Good Housekeeping* im Mai 1937, der zweite in *Donald Duck and His Friends* (1939).

Self Control
(11. Februar 1938)
Regie: Jack King. **Story**: Carl Barks, Harry Reeves. **Animation**: Don Towsley, Johnny Cannon, Paul Allen, Jack Hannah, Bernie Wolf, Ed Aardal, Chuck Couch. **Musik**: Oliver Wallace.
Auf Grund einer Rundfunksendung zu dem Thema versucht sich Donald in Selbstkontrolle und gibt sich alle Mühe, seine Wutausbrüche zu unterdrücken. Jedoch stellen ihn eine Fliege, eine Taube und eine Raupe arg auf die Probe, bis er schließlich wutentbrannt das Radio zertrümmert.
Barks griff noch öfter auf diese Idee zurück, so auch in der Geschichte *Hilfreiche Tiere* (*Plenty of pets*, BL-WDC 15/5).

Donald's Better Self
(11. März 1938)
Regie: Jack King. **Story**: Carl Barks, Tom Armstrong, Harry Reeves. **Animation**: Don Towsley, Paul Allen, Bernie Wolf, Jack Hannah, Ed Love, Chuck Couch. **Layouts**: Jim Carmichael, Charles Payzant. **Musik**: Oliver Wallace.

FILMOGRAFIE

Donald kann sich nicht entscheiden, ob er zur Schule gehen oder schwänzen soll. Da nehmen die gute Seite und die böse Seite seiner Persönlichkeit Gestalt an und liefern sich einen heftigen Kampf, den überraschenderweise die gute Seite gewinnt.

Von diesem Kurzfilm gibt es eine Comicstripversion von Hank Porter, die in einer Ausgabe der Serie *Penny Books* (1939) erschien. Außerdem hat Porter sie für eine Sequenz in dem Buch *The Life of Donald Duck* (1941, *Donald Duck: Eine Ente wie du und ich*) adaptiert.

Donald's Nephews
(15. April 1938)

Regie: Jack King. **Story**: Carl Barks, Jack Hannah, Harry Reeves. **Animation**: Paul Allen, Jack Hannah, Ed Love, Bill Quakkenbush, Don Towsley, Roy Williams, Bernie Wolf.

Angekündigt durch einen Brief von Donalds Schwester Della Duck, fallen seine drei unausstehlichen Neffen im Haus ihres Onkels ein und verwüsten es. Unterdessen versucht Donald mittels eines pädagogischen Handbuchs die Lage in den Griff zu bekommen.

Auf der Leinwand traten Huey, Dewey und Louie (**Tick, Trick und Track**) hier zum ersten Mal auf, allerdings wird ihre Erfindung dem Zeichner **Al Taliaferro** zugeschrieben, der seine Idee der Trickfilmabteilung verkauft haben soll. Die Namensgebung wiederum scheint auf den **Storyman Dana Coty** zurückzugehen, jedenfalls merkte dieser auf einer Seite im Storyboard an, dass man „Hughy" statt „Huey" geschrieben habe.

Die drei Küken erschienen noch vor der Erstaufführung des Films auf den *Silly-Symphony-Sonntagsseiten* vom 17. Oktober 1937. Die Idee von der pädagogischen Anleitung verwendete Barks in der Geschichte *Moderne Erziehungsmethoden* (*Spoil the rod*, BL-WDC 13/1) später noch einmal.

Good Scouts
(8. Juli 1938)

Regie: Jack King. **Story**: Carl Barks, Chuck Couch, Harry Reeves. **Animation**: Paul Allen, Johnny Cannon, Jack Hannah, Bernie Wolf.

Als Chef einer Wildschützertruppe, bestehend aus seinen drei Neffen und ihm selbst, begibt sich Donald auf eine Exkursion durch den Yellowstone-Park. Dabei gerät er an einen Bären und tappt dem Old Reliable Geysir in die Falle.

Von den Filmen, an denen Barks mitgewirkt hat, war dieser der erste, der für einen **Oscar nominiert** wurde. Eine Comicversion des Kurzfilms (von Tom Wood und Hank Porter) wurde im *Good Housekeeping Magazine* vom Mai 1938 veröffentlicht.

Der Kurzfilm inspirierte zudem Bob Karp und Al Taliaferro zu zwei Sequenzen in ihren Donald-Duck Zeitungsstrips (vom 18. bis 30. Juli 1938 und vom 24. Juli bis 5. August 1939).

Barks diente die Geschichte als Vorlage zu *Orden und Ehrenzeichen* (*Ten Star Generals*, BL-WDC 19/2), in der das **Fähnlein Fieselschweif** zum ersten Mal in Erscheinung trat.

Donald's Golf Game
(4. November 1938)

Regie: Jack King. **Story**: Carl Barks, Chuck Couch, Jack Hannah, Harry Reeves. **Animation**: Johnny Cannon, Jack Hannah, Fred Spencer, Don Towsley. **Layouts und Szenerie**: Charlie Philippi, Phil Dike.

Donald versucht mit seinen Fähigkeiten als Golfspieler vor seinen drei Neffen zu glänzen. Doch diese spielen ihm einen tückischen Streich nach dem anderen.

In *Good Housekeeping* vom Juli 1938 erschien eine Comicstripversion von Tom Woods und Hank Porter. Einige Gags wurden von Karp und Taliaferro für ihre Zeitungsstrips vom 24. Oktober bis 5. November 1938 verwendet. Barks verwertete die Idee in der Geschichte *Das große Golfmogeln* (*Links Hijnks*, BL-WDC 13/5).

Donald's Lucky Day
(13. Januar 1939)

Regie: Jack King. **Story**: Carl Barks (SD). **Animation**: Sandy Strother, Ed Love, Jack Hannah, Johnny Cannon, Jim McManus, Paul Allen, Al Eugster, Don Towsley, Dick Lundy, Ken Peterson, Cornett Wood.

Donald muss als abergläubischer Fahrradkurier am Freitag, dem 13., ein Paket ausliefern. Er entdeckt, dass eine Bombe in dem Paket ist, und wirft es ins Wasser. Durch die Explosion regnet es Fische, was wiederum eine Meute schwarzer Katzen anlockt.

Von diesem Kurzfilm gibt es zwei Comicstripversionen. Eine erschien in *Good Housekeeping*, die andere bei Whitman. Im Zeitungsstrip von Karp und Taliaferro taucht Donald am 28. Dezember 1938 in Botenkleidung auf.

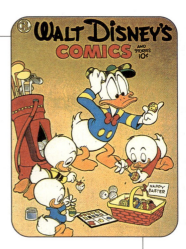

The Hockey Champ
(28. April 1939)

Regie: Jack King. **Story**: Carl Barks (SD), Jack Hannah. **Animation**: Paul Allen, Eric Larson, George Rowley, Bernie Wolf, Don Towsley, Ed Aardal, Shamus Culhane, John McManus, Larry Clemmons, Max Gray, Lee Morehouse. **Animationseffekte**: Joseph Gayek. **Layouts**: Bill Herwig. **Musik**: Oliver Wallace.

Donald fordert die Neffen zu einer Partie Eishockey heraus und ... verliert.

Die Zeitungsstripversion von Tom Wood und Hank Porter erschien im März 1939 in *Good Housekeeping* und im *Mickey Mouse Magazine*.

Donald's Cousin Gus
(19. Mai 1939)

Regie: Jack King. **Story**: Carl Barks, Jack Hannah. **Animation**: Woolie Reitherman, Paul Allen, Don Towsley, Lee Morehouse, Shamus Culhane, Johnny Cannon, Bernie Wolf, George Rowley, Ken Peterson, Reuben Timmins. **Layouts**: Bill Herwig.

Donalds Cousin Gus Goose (**Franz Gans**) kommt zu Besuch und frisst Donald buchstäblich die Haare vom Kopf.

Obgleich für die Leinwand ausgedacht, tauchte Franz Gans, bevor der Kurzfilm in die Kinos kam, in einer Kurzstripversion in *Good Housekeeping* (August 1938) und im *Mickey Mouse Magazine* (April 1939) auf. Auch im Zeitungsstrip von Karp und Taliaferro erschien er bereits vom 9. bis 24. Mai 1939.

FILMOGRAFIE

Sea Scouts
(30. Juni 1939)
Regie: Dick Lundi. **Story**: Carl Barks (SD). **Animation**: Larry Clemmons, Ed Love, Ray Patin, Volus Jones, Walt Clinton, Paul Busch, Ham Luske, Johnny Cannon, Murray McClellan, Preston Blair, John Sewall, Jack Hannah. **Layouts**: Jim Carmichael, **Musik**: Oliver Wallace.

Donald ist der Kapitän eines Segelboots, seine Neffen bilden die Besatzung. Sie werden von einem Hai angegriffen, den Donald k.o. schlägt, als der Fisch ihm die elegante Admiralskappe ruiniert.

Karp und Taliaferro ließen sich von diesem Kurzfilm zu einem Zeitungsstrip inspirieren, der am 2. Mai 1939 erschien. Eine Comicstripversion von Hank Porter wurde in *Good Housekeeping* im Juli 1939 veröffentlicht. Barks verwendetet die Kampfsequenz mit dem Haifisch in *Helden und Haie* (Lifeguard Daze, BL-WDC 1/3).

Donald's Penguin
(11. August 1939)
Regie: Jack King. **Story**: Carl Barks, Chuck Couch, Harry Reeves. **Animation**: Paul Allen, Johnny Cannon, Don Towsley. **Layouts und Hintergrund**: Jim Carmichael, Charlie Philippi, Phil Dike.

Donald bekommt einen jungen Pinguin namens **Tootsie** geschenkt, der eine nicht enden wollende Reihe an Problemen verursacht. Als Donald droht, ihn zu erschießen, bereut der Pinguin alles und die beiden umarmen sich freundschaftlich.

Eine Stripversion von Tom Wood und Hank Porter erschien in *Good Housekeeping* im September 1939. In den Strips von Karp und Taliaferro begleitete ein Pinguin namens Penny Donald und die Neffen vom 1. bis zum 6. Dezember 1941.

The Autograph Hound
(1. September 1939)
Regie: Jack King. **Story**: Carl Barks, Jack Hannah. **Animation**: Ray Patin, Claude Smith, Lee Morehouse, John Elliotte, Lary Clemmons, Nick De Tolly, Ken Muse, Paul Allen, Dunbar Roman, Ed Love, Robert Stokes, Ken Peterson, Ward Kimball, Johnny Cannon, Judge Whitaker, Osmond Evans, Rex Cox, John Dunn, Andy Engman, Emery Hawkins. **Layouts**: Bill Herwig. **Musik**: Oliver Wallace.

Donald ist Autogrammjäger und schleicht sich in ein Filmstudio. Er begegnet Greta Garbo, Shirley Temple, Clark Gable, Mickey Rooney und anderen berühmten Darstellern jener Epoche.

Die Kurzstripversion von Hank Porter erschien im *Mickey Mouse Magazin* vom Oktober 1939.

Mr. Duck Steps Out
(7. Juni 1940)
Regie: Jack King. **Story**: Carl Barks (SD), Jack Hannah, Chuck Couch, Milt Schaffer. **Animation**: Les Clark, Paul Allen, Don Towsley, Ken Muse, Dick Lundy. **Layouts**: Bill Herwig.

Donald besucht Daisy Duck und beginnt mit ihr einen wilden Tanz, ganz im Stil von Fred Astaire und Ginger Rogers. Doch die Neffen spielen ihnen einen Streich und ruinieren alles.

Das war Daisy Ducks **erster Auftritt auf der Leinwand**.

Eine frühere Version von ihr mit Namen Donna war bereits 1937 in einem Micky-Maus-Trickfilm aufgetaucht. Im Comic ließen Karp und Taliaferro sie am 4. November 1940 Debüt geben. Eine Kurzstripversion mit dem Titel *Donald's Date* erschien in *Good Housekeeping* im Dezember 1939.

Bone Trouble
(28. Juni 1940)
Regie: Jack Kinney. **Story**: Carl Barks, Jack Kinney. **Animation**: John Lounsbery, Reuben Timmins. **Layouts**: Don Griffith, John Hubley. **Musik**: Frank Churchill, Paul J. Smith.
Pluto stiehlt einer Bulldogge den Knochen und wird von ihr durch einen Vergnügungspark bis ins Spiegelkabinett getrieben.
Keine der Storyboard-Zeichnungen kann Barks selbst zugeschrieben werden, aber es existiert eine wunderbare Comicversion, von Børge Ring gezeichnet und 1980 im holländischen Wochenmagazin *Donald Duck* veröffentlicht.

Put-Put Troubles
(19. Juli 1940)
Regie: Riley Thomson. **Story**: Carl Barks. **Animation**: Judge Whitaker, Lee Morehouse, Emery Hawkins, Jim Armstrong, George Goepper, Grant Simmons, Volus Jones, Andy Engman, Reuben Timmins, Johnny Cannon, Larry Clemmons, Ken Peterson, Jack Boyd, Nick De Tolly, Ed Parks, Joseph Gayek, Miles Pike, George Kreisl, Claude Smith, Jack Harbaugh, Murray Griffin, Frank Follmer, Al Stetter. **Layouts**: Bill Tracy. **Musik**: Oliver Wallace.
Donald und Pluto sitzen in einem etwas launischen Boot, das ihnen einige Schwierigkeiten bereitet.
Barks selbst arbeitete nicht am Storyboard mit. Von Hank Porter stammt die Kurzstripversion in *Good Housekeeping* vom November 1940.

Donald's Vacation
(9. August 1940)
Regie: Jack King. **Story**: Carl Barks, Jack Hannah. **Animation**: Paul Allen, Jack Hannah, Ed Love, Lynn Karp, Hal King, Judge Whitaker. **Musik**: Oliver Wallace.
Donald lässt sich mit seinem Zelt in freier Natur nieder, doch hat er schon bald mit einem widerspenstigen Klappstuhl und einem unfreundlichen Bären zu kämpfen.
Ein Kurzstrip von Hank Porter erschien im Mai 1940 in *Good Housekeeping*.

Window Cleaners
(20. September 1040)
Regie: Jack King. **Story**: Carl Barks, Jack Hannah. **Animation**: Judge Whitaker, Ken Peterson, Ray Patin, Hal King, Dick Lundy, Rex Cox. **Layouts**: Bill Herwig. **Musik**: Paul J. Smith, Oliver Wallace.
Donald versucht die Fenster eines Wolkenkratzers zu putzen, doch er wird durch eine wütende Biene dabei gestört.
Hank Porter zeichnete den Kurzcomic, der im August 1940 in *Good Housekeeping* erschien.

FILMOGRAFIE

Fire Chief
(13. Dezember 1940)
Regie: Jack King. **Story**: Carl Barks, Harry Reeves, Jack Hannah, Homer Brightman, Gilles De Trémaudan. **Animation**: Dick Lundy, Ted Bonnicksen, Ray Patin, Judge Whitaker, Emery Hawkins, Lee Morehouse, Hal King, Ed Love, Paul Allen. **Layouts**: Bill Herwig. **Hintergrund**: Mique Nelson, Eric Hansen, Hubert Rickert. Donald entfacht als Feuerwehrhauptmann einen Brand in der Feuerwache, weil er Wasser und Benzin verwechselt.

Ein Kurzcomic, gezeichnet von Hank Porter, erschien im *Good Housekeeping* im Oktober 1940. Barks nahm den Kurzfilm als Grundlage für die beiden klassischen Donald-Geschichten *Donald Duck bei der Feuerwehr* (*Fireman Donald*, BL-WDC 11/5) und *Der brave Feuerwehrmann* (*Volunteer Fireman*, BL-WDC 38/1).

Timber
(10. Januar 1941)
Regie: Jack King. **Story**: Carl Barks, Jack Hannah. **Animation**: Ed Love, Ray Patin, Judge Whitaker, Dick Lundy, Hal King, Volus Jones, Paul Allen. **Layouts**: Bill Herwig.

Donald (auf dem Bild links zu sehen) versucht, etwas von Kater Karlos Mahlzeit zu stehlen, aber Karlo zwingt ihn, im großen Nordwald Bäume zu fällen. Die nachfolgende Sequenz der Verfolgungsjagd mit dem Eisenbahnkarren wird für immer unvergesslich bleiben.

Ein Kurzcomic, von Hank Porter gezeichnet, erschien im März 1941 in *Good Housekeeping*. Und Floyd Gottfredson verarbeitete den Kurzfilm in seiner Geschichte *Micky Maus und Kater Karlo* (1941-42).

Barks nahm das Thema in seiner Geschichte *Gar lustig ist die Flößerei* (*Log Jockey*, BL-WDC 46/3) wieder auf.

The Golden Eggs
(7. März 1941)
Regie: Wilfred Jackson, **Story**: Carl Barks, Jack Hannah. **Animation**: Bob Carlson, Don Tobin, Bernie Wolf, Bill Tytla, Jack Boyd, Russ Dyson, Andy Engman, Ed Aardal. **Layouts**: Ernie Terrell, Thor Putnam. **Musik**: Leigh Harline.

Auf seinem Bauernhof will Donald Eier einsammeln, doch die werden von einem wütenden Gockel bewacht. Donald verkleidet sich als Henne, und der Hahn macht ihm prompt den Hof. Ein Wurm mischt sich in die Sache ein und schließlich sind die Eier zerbrochen.

Auch hier war Hank Porter für den Kurzstrip in *Good Housekeeping* (Mai 1941) verantwortlich. Barks verwendete die Idee mit der Verkleidung unter anderem in den Donald-Comics *Der Käferkiller* (*Bug Costumes*, BL-WDC 10/1) und *Die Froschfarm* (*Froggy Farmer*, BL-WDC 40/2).

Early to Bed
(11. Juli 1941)
Regie: Jack King. **Story**: Carl Barks, Jack Hannah. **Animation**: Paul Allen, Judge Whitaker, Jim Armstrong, Lee Morehouse, Hal King, Ray Patin, Ed Love. **Layouts**: Bill Herwig. **Musik**: Oliver Wallace.

Wegen des lauten Tickens einer Uhr und dem störrischen Verhalten seines Bettes gelingt es Donald nicht, seine Augen zu schließen und ruhig zu schlafen. Natürlich bringen ihn die Störungen seines verdienten Schlafes im Laufe der Zeit immer mehr in Rage, so dass er schließlich fast sein ganzes Haus demoliert hat, bis er von einer Hängelampe zur Ruhe gezwungen wird.

Barks hat diese Idee in *Nächtliche Ruhestörung* (*Donalds Rancons Role*, BL-WDC 28/4) wieder aufgegriffen.

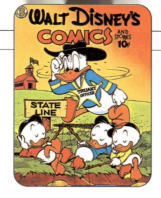

Truant Officer Donald
(1. August 1941)
Regie: Jack King. **Story**: Carl Barks, Jack Hannah. **Animation**: Judge Whitaker, Jim Armstrong, Hal King, Paul Allen, Andy Engman, Ed Love, Jack King, Frank McSavage, Ray Patin. **Layouts**: Bill Herwig. **Musik**: Leigh Harline, Paul J. Smith.
Donald ist Schulinspektor und glaubt, seine Neffen würden schwänzen. Als er sie sucht, um sie in die Schule zu bringen, findet er im Piratenversteck der Kleinen drei gegrillte Hähnchen, die er für die Leichen der Neffen hält. Weil er sie verfolgt hat, fühlt er sich nun schuldig an ihrem gräulichen Ende. Doch es ist Samstag und die Schule geschlossen.
Der Kurzfilm wurde für den **Oscar nominiert**.
Ein Kurzstrip von Hank Porter erschien im September 1944 in *Good Housekeeping*. Barks verwendete die Idee mit dem Versteck der Neffen in *Die vertauschten Briefe* (*Donalds Love Letters*, BL-WDC 16/5). Und auch für *Die Schulschwänzer* (*Truant Officer Donald*, BL-WDC 14/4) stand der Kurzfilm Pate.

Old MacDonald Duck
(12. September 1941)
Regie: Jack King. **Story**: Carl Barks (SD), Harry Reeves, Jack Hannah. **Animation**: Paul Allen, Jim Armstrong, Judge Whitaker, Ed Love, Hal King, Ray Patin, Andy Engman, Lee Morehouse. **Layouts**: Bill Herwig. **Musik**: Leigh Harline.
Zu den Noten des Liedes *Old MacDonald had a Farm* (*Old MacDonald hat 'ne Farm*) verrichtet Bauer Donald alle möglichen Arbeiten und versucht die Kuh Clementine zu melken, aber eine lästige Fliege stört die bäuerliche Beschäftigung und bewirkt schließlich, dass der Milcheimer umfällt.
Ein „Vorläufer" dieses Kurzfilms wurde in den abendfüllenden Spielfilm *The Reluctant Dragoon* (1941, *Der unwillige Drache*) eingefügt. Möglichweise geht auch der Zeitungsstrip von Karp und Taliaferro vom 13. bis 28. November 1941 auf *Old MacDonald Duck* zurück.

Chef Donald
(5. Dezember 1941)
Regie: Jack King. **Story**: Carl Barks, Jack Hannah. **Animation**: Paul Allen, Judge Whitaker, Jim Armstrong, Ed Love, Lee Morehouse, Walt Clinton. **Layouts**: Bill Herwig. **Musk**: Charles Wolcott.
Nach Anweisung eines Chefkochs aus dem Radio will Donald Koch spielen. Doch weil er versehentlich Gummilösung in den Teig kippt, mischt er dabei nur eine ungenießbare Masse zusammen.
Ein Kurzstrip wurde von Hank Porter für *Good Housekeeping* im Dezember 1941 gezeichnet. Vermutlich hat Barks die Idee von Donalds Kochversuch auch in dem Comic *Kein Meister fällt vom Himmel* (*The Half Baked Baker*, BL-WDC 35/1) verwendet. (Bild rechts)

The Village Smithy
(16. Januar 1942)
Regie: Dick Lundy. **Story**: Carl Barks. **Animation**: Ted Bonnicksen, Bob Carlson, Walt Clinton, John Elliotte, Volus Jones,

FILMOGRAFIE

Fred Kopietz, Fank McSavage, Ken Muse, Don Patterson, Bill Shull. **Layouts**: Thor Putnam.

Dorfschmied Donald macht eine harte Zeit durch, als er versucht die Hufe einer störrischen Eselin namens Jenny zu beschlagen.
Barks ließ Donald noch einmal in seinem Comic *Der wackere Dorfschmied* (*The Village Blacksmith*, BL-WDC 40/5) als Schmied auftreten. Und ein ähnlicher Esel, genannt **Benny Burro**, erschien auch in den Comicstrips von Karp und Taliaferro am 30. Mai 1939 und Ende 1947.

Donald's Snow Fight

(10. April 1942)
Regie: Jack King. **Story**: Carl Barks. **Animation**: Hal King, Judge Whitaker, Lee Morehouse, Jim Armstrong, Don Towsley, Walt Clinton, Ray Patin, Retta Scott, Jack Hannah. **Trikkeffekte**: Jack Boyd, Don Tobin, Reuben Timmins, Ed Parks, Andy Engman, Joseph Gayek. **Layouts**: Bill Herwig. **Musik**: Oliver Wallace.

Weil die Neffen Donalds Fellmütze ruiniert haben, zerstört er deren Schneemann. Nun beginnt eine Schlacht, die mit Schneebällen, Mausefalle und glühender Kohle ausgetragen wird.
Diesen Kurzfilm hat Barks in dem Comic *Der Ritter in der eisernen Hose* (*The Duck in the Iron Pants*, BL-WDC 2/5) noch einmal verwendet.

Donald Gets Drafted

(1. Mai 1942)
Regie: Jack King. **Story**: Carl Barks (SD), Jack Hannah. **Animation**: Paul Allen, Judge Whitaker, Ed Love, Ray Patin, Retta Scott, Jim Armstrong. **Musik**: Paul J. Smith, Leigh Harline.
Donald Gets Drafted war der erste Kurzfilm, in dem Walt Disney den Zweiten Weltkrieg zum Thema nahm.
Donald wird in die Armee eingezogen und dem finsteren Feldwebel Kater Karlo unterstellt. Dieser versucht, Donald Disziplin einzubläuen.
Barks zeichnete den Einberufungsbefehl, den Donald erhält, sowie eine Reihe an Werbeplakaten der Armee und der Luftwaffe, die in diesem Kurzfilm zu sehen sind.

The Army Mascot

(22. Mai 1942)
Regie: Clyde Geronimi. **Story**: Carl Barks, Jack Hannah. **Animation**: George Nicholas, Claude Smith, Charles Nichols, Norman Tate. **Layouts**: Bruce Bushman. **Musik**: Frank Churchill.

Angezogen durch die Qualität des Essens, unternimmt Pluto alles, um das Maskottchen der Yoo-Hoo-Division zu verdrängen. Vor allem muss er versuchen, den Ziegenbock, der ihn auf die Hörner nehmen will, zu schlagen.
Nach *Bone Trouble* (1940) war das der zweite Kurzfilm mit Pluto, an dem Barks beteiligt war.

Bambi

(13. August 1942)
Regie: Walt Disney, Davis D. Hand. **Story**: Larry Morey, Pece Pearce, nach einer Erzählung von Felix Salten. **Musik**: Frank Churchill, Edvard Plump.

Für diesen abendfüllenden Spielfilm hat Barks, der 1939 sechs Wochen lang an dem Film arbeitete, **zwei Sequenzen** gemeinsam mit Chuck Couch entwickelt. Die **erste** (aus der die Zeichnung oben stammt) wurde für

den Film verändert. Sie zeigt Bambi und Klopfer, die auf dem Eis ausrutschen.

Die *zweite* Sequenz, die nie verwendet wurde, zeigt ein Streifenhörnchen, das versucht, eine Nuss in einer Astgabel zu knacken.

Barks und Couch zeichneten die Szene auf dem Eis, während Ken Hultgren die Skizzen zur zweiten Sequenz zugeschrieben werden.

The Vanishing Private
(25. September 1942)

Regie: Jack King. **Story**: Carl Barks. **Animation**: Paul Allen, Ed Love, Hal King, Art Scott, Judge Whitaker, Charles Nichols, Bill Tytla, Woolie Reitherman. **Layouts**: Bill Herwig. **Musik**: Leigh Harline, Oliver Wallace.

Rekrut Donald bepinselt eine Kanone mit Tarnfarbe. Dabei bekleckert er sich mit der Farbe und wird unsichtbar. Natürlich treibt er Feldwebel Kater Karlo damit in den Wahnsinn. Schließlich werden beide auf Befehl des Generals in den Kerker eingesperrt. Hank Porter hat für die Juni-Ausgabe 1943 des *Good-Housekeeping* einen entsprechenden Kurzstrip gezeichnet.

Sky Trooper
(6. November 1942)

Regie: Jack King. **Story**: Carl Barks, Jack Hannah. **Animation**: Dan MacManus, Jugde Whitaker, Charles Nichols, Jack King, John McManus, Ed Love, Paul Allen, Ray Patin, Walt Scott, Jim Armstrong, Ed Aardal, Don Towsley, Josh Meador. **Layouts**: Bill Herwig. **Musik**: Frank Churchill.

Soldat Donald will fliegen und schnappt sich einen Fallschirm, doch aus Versehen nimmt er Feldwebel Karlo und eine Bombe mit.

Bellboy Donald
(18. Dezember 1942)

Regie: Jack King. **Story**: Carl Barks, Jack Hannah. **Animation**: Paul Allen, Ken Muse, Ed Love, Art Scott, Judge Whitaker, Hal King, Ray Patin, Jim Armstrong, Lee Morehouse, George Rowley, Bill Tytla. **Layouts**: Bill Herwig. **Musik**: Oliver Wallace.

Hotelpage Donald soll sich um den Senator kümmern (der die Gesichtszüge von Kater Karlo trägt), wird aber von dessen ungezogenem Sohn terrorisiert, wofür er sich schließlich rächt.

The Old Army Game
(5. November 1943)

Regie: Jack King. **Story**: Carl Barks, Jack Hannah. **Animation**: Paul Allen, Bob Carlson, Hal King, Charles Nichols. **Musik**: Paul J. Smith.

Schon seit einigen Abenden verlässt Soldat Donald unerlaubt die Kaserne. Den Feldwebel Karlo täuscht er dabei mit einer Platte, auf die er sein Schnarchen gespielt hat. Doch eines Abends funktioniert der Trick nicht und der Betrug wird offenbar. Später lässt Karlo Donald glauben, er hätte seinetwegen sein Bein verloren.

Home Defense
(26. November 1943)

Regie: Jack King. **Story**: Carl Barks, Jack Hannah. **Animation**: Paul Allen, Hal King, Charles Nichols, Don Patterson, Judge Whitaker, Marvin Woodward. **Layouts**: Bill Herwig.

Während Donald auf seinem selbst gebauten Horchposten sitzt, übermannt ihn der Schlaf. Die Neffen nutzen diese Gelegenheit natürlich sofort, um ihm einen Streich zu spielen. Mit einem Spielzeugflugzeug,

FILMOGRAFIE

einem Spielzeugfallschirm und unter Mithilfe einer Fliege, die in einem Lautsprecher gefangen ist, täuschen sie Donald einen heftigen Luftangriff vor.
Hank Porter zeichnete den Kurzstrip für die August-Nummer 1943 des *Good Housekeeping*-Magazin.

Trombone Trouble
(18. Februar 1944)
Regie: Jack King. **Story**: Carl Barks, Jack Hannah. **Animation**: Paul Allen, Judge Whitaker, Charles Nichols, Hal King, Les Clark, Andy Engman, Jerry Hathcock, Marvin Woodward. **Layouts**: Bill Herwig. **Musik**: Oliver Wallace.
Mit seiner Posaune stört Kater Karlo sogar Jupiter und Vulcanus (die, wie man hier sieht, ebenfalls Enten sind). Dank der Hilfe ihrer göttlichen Kräfte gelingt es Donald, seinem Erzfeind eine Lektion zu erteilen. Doch dann versucht er sich selbst an der Posaune.

The Plastics Inventor
(1. September 1944)
Regie: Jack Kinney. **Story**: Carl Barks, Jack Hannah, Dick Shaw. **Animation**: Don Towsley, Paul Allen, Bill Justice, Ed Aardal, Judge Whitaker, Lee Morehouse, Harvey Toombs. **Trickeffekte**: Brad Case, Joshua Meador. **Layouts**: Ernest Nordli.
Strikt den Anweisungen aus dem Radio folgend, hat Donald ein Plastikflugzeug gebastelt und schickt sich an, es nun auch zu testen. Doch leider und zu seinem allergrößten Missfallen zerbricht es schon nach kurzer Zeit, als es in einen Amselschwarm gerät.

The Plastics Inventor war der letzte Film, an dem Barks mitgewirkt hat, bevor er das Studio am 6. November 1942 verließ - das heißt, zwei Jahre, bevor der Kurzfilm in die Kinos kam.

UNVOLLENDETE KURZFILME

The Love Nest
(Februar 1936)
In dem Entwurf richten Micky, Donald und Goofy eine Hütte für die Flitterwochen von Rudi Ross und Klarabella (als „Liebesnest", wie der Titel sagt) neu ein. Doch leider enden ihre Mühen in einem Desaster.
Barks zeichnete zehn Seiten des Storyboards, auf denen Goofy und Donald einige Konfusionen mit einem Eimer Wasser anrichten sowie mit Lack und Klebstoff, an deren Behältern die Etiketten vertauscht worden sind. Einige Ideen wurden für ein weiteres Kurzfilmprojekt, *Interior Decorators* (1937), übernommen, an dem Barks ebenfalls mitarbeitete.

Desert Prospectors
(April 1936)
Micky, Donald und Goofy suchen mittels eines seltsamen Gerätes Gold. Die Idee verwendete Barks später in seinem Donald-Comic *Verhängnisvolle Erfindung* (*The Gold Finder*, BL-WDC 9/2).

Timid Elmer oder Elmer's Light o' Love
(1936)
Barks entwarf einen Kurzfilm mit dem Titel *Elmer Elephant* (28. März 1936), in dem ein Elefant namens Elmer (man sieht ihn im Bild unten) hilflos mit ansehen muss, wie ein Faun namens Granvill Goat und ein Affe alles daransetzen, seine Verlobte Tillie Tiger zu verführen.
Barks verfasste zusammen

mit Ferdinand Horvath und Walt Kelly das Szenario und zeichnete Teile des Storyboards. Der Film war als Folge zu den gleichnamigen *Silly-Symphony*-Filmen gedacht, erschien aber modifiziert als Comic unter dem Titel *Timid Elmer* auf den *Silly-Symphonie*-Sonntagsseiten vom 4. Dezember 1938 bis 12. Februar 1939, gezeichnet von Al Taliaferro.

Northwest Mounted oder Mickey of the Mounted oder Mickey Gets His Man oder Royal Mounted Police oder Mickey the Mountie

(Juli bis August 1936)
Unter der Regie von Dick Creedon schrieb Carl Barks das Treatment und fertigte über 300 Zeichnungen (wovon 219 nummeriert sind) für das Storyboard an. Die Geschichte des Kurzfilms spielt in der Umgebung von Klondike, wo Micky Maus als **Rotrock** im Sattel seines sympathischen Pferdes **Tanglefoot** sitzt und den schrecklichen Pierre (Kater Karlo mit frankokanadischem Akzent) verfolgt, der Minnie entführt hat, um ihr die Lage ihrer Goldmine zu entlocken. Doch die Minenbesitzerin weigert sich, dem grausamen Ganoven das Geheimnis zu verraten.

Northwest Mounted ist ab Seite 45 in diesem Buch abgebildet (ein Bild davon ist bereits oben zu sehen).

Barks „recycelte" die Verfolgungsszene teilweise in seinem Comic *Der Sheriff von Bullet Valley* (*Sheriff of Bullet Valley*, BL-DD 9/1), in dem der Sheriff Donald tapfer gegen den Viehtreiber Blacksnake McQuirt kämpft.

Nightwatchman Donald

(August 1937)
Barks arbeitete an dem Treatment zu diesem Film, in dem Donald als Nachtwächter in einem großen Lager angestellt ist und sich mit einem verspielten Äffchen herumschlagen muss.

Dieses Thema wurde von Carl Barks teilweise in seiner amüsanten Comicgeschichte *Eine Schreckensnacht* (*Watching the Watchman*, BL-WDC 12/3) verwendet. Allerdings ist Donald in dem Comic ein derart schläfriger Nachtwächter, dass er seinen Pflichten nicht nachkommen kann.

Interior Decorators

(Oktober 1937)
Donald und Franz Gans sollen eine Villa renovieren. Das Treatment war eine Wiederverwendung der Idee von *The Love Nest* (1936).

Barks zeichnete zwei Versionen von Franz Gans. Eine davon erinnert ein wenig an **Daniel Düsentrieb**. Allerdings hat Barks den skurrilen Erfinder erst 1952 für seine Comics entwickelt.

Eine Sequenz von *Interior Decorators*, in der Franz Gans mit großer Gier futtert (was, wie man weiß, schon immer seine absolute Lieblingsbeschäftigung war), inspirierte Barks dazu, denselben Franz Gans im Kurzfilm *Donald's Cousin Gus* 1939 debütieren zu lassen.

Yukon Mickey oder Yukon Donald

(Februar 1938)
Nach *Northwest Mounted* ein weiteres Treatment, das im Hohen Norden angesiedelt ist. Micky (der später durch Donald ersetzt wurde) findet ein kleines Walross und ist mit dessen schier unstillbarem Hunger total beschäftigt.

FILMOGRAFIE

Lost Prospectors
(März 1938)
Dieser Entwurf basiert auf der Idee von *Desert Prospectors* (1936), nur sind es hier Donald und Franz Gans, die nach Gold suchen. Auf ihrer Wanderung kommen sie nach **Death Valley**, wo ihnen auf ihrer verzweifelten Suche nach Wasser lauter Wunder begegnen, unter anderem auch eine Gruppe faszinierender Enten.

Donald Munchausen
(April 1938)
Am 15. April 1938 legte Barks als Chef der Drehbuchabteilung diesen Entwurf vor, in dem Donald ein Abenteuerbuch, das die Neffen gerade lesen, als „Kinderkram" abtut und ihnen eine unglaubliche Geschichte erzählt. Darin behauptet er, als Reporter des *National Geographic* in einem seltsamen Tal gewesen zu sein, das eigentlich der Krater eines erloschenen Vulkans in Afrika war. Hier habe er Dinosaurier getroffen und sogar King Kong mit einer Kostprobe seiner Kraft überwältigt.
Der Animator Marc Davis realisierte einige Skizzen dieses „historischen Treffens", während Raymond Jacobs Donalds Begegnung mit einem Wilden zeichnete.
An dieser Stelle sei darauf hingewiesen, dass Carl Barks viele Mal das *National-Geographic-Magazine* bei der Entwicklung seiner Comics zu Rate zog.

Tanglefoot
(1938)
In diesem Entwurf drehte sich alles um ein Wettrennen zu Pferd zwischen Micky Maus (bei dem Pferd handelt es sich um Tanglefoot, Mickys Pferd aus *Northwest Mounted*) und dem Gauner Kater Karlo. Verschiedene Situationen sollten ihren humoristischen Effekt durch einige Tölpeleien von Goofy, Mickys Assistenten, erhalten.
Außer Barks, der an der Ausarbeitung des Treatments beteiligt war, haben noch Walt Disney, Harry Reeves und vier weitere Autoren daran mitgearbeitet. Im April des Jahres 1938 gab es viele Besprechungen und Diskussionen rund um diesen Kurzfilm. Vielleicht zu viele, denn trotz aller Mühen sind leider nicht mehr als ein paar Zeichnungen zustande gekommen. Eine davon ist hier abgebildet.

Donalds Shooting Gallery
(Juni 1938)
In diesem Treatment, geschrieben von Carl Barks, Jack Hannah und Chuck Couch, stellen Donald und

sein Chef einen manipulierten Schießstand in einem Vergnügungspark auf. Leider werden aber die Neffen zu Opfern des Betruges.
Der Entwurf wurde teilweise in dem Kurzfilm *Straight Shooters* (18. April 1947) verwendet. Darüber hinaus veranlasste der betrügerische Donald Barks, ihn in der Comicgeschichte *Erntedankfest* (*Turkey Trouble*, BL-WDC 9/4) als Inhaber eines manipulierten Schießstandes auftreten zu lassen.

The Rubber Hunter
(etwa 1938)
Donald sucht etwas, womit er einen Reifen seines Autos reparieren kann. Nachdem er nichts findet, reist er nach Südamerika, um dort nach

Gummi zu suchen, aus dem er sich einen neuen Reifen basteln kann.

Barks hat das gesamte Storyboard gezeichnet. Einen Gag, in dem Donald auf einem Sack voll Gummi sitzt, als wäre der Sack ein Stier, den er beim Rodeo reiten würde, hat Barks für den Donald-Comic *Wudu-Hudu-Zauber* (*Voodoo Hoodoo*, BL-DD 10/3) verwendet.

The Beaver Hunters oder Beaver Hunt
(Mai 1939)

Donald und Pluto gehen auf Biberjagd, werden aber von den Bibern wiederholt ausgetrickst, obwohl sich Donald als Baum verkleidet und mit einem tollen Saugglocken-Jagdgewehr bewaffnet ist.

Donald's Balloon oder Donald's Stratosphere Flight
(August 1939)

Das Treatment erzählt von einer Ballonwettfahrt, in der Micky, Minnie, Rudi Ross und Klarabella gegen Kater Karlo antreten.

Später erhielt Donald die Hauptrolle und versucht unter größten Schwierigkeiten, seinen Ballon zu fahren.

Barks hat hierzu nur eine einzige Zeichnung angefertigt, auf der Donald in der Kleidung eines Ballonfahrers zu sehen ist.

Traveling Salesman
(etwa 1940)

Als Vertreter versucht Donald, den Barkeeper Kater Karlo zum Kauf von falschen Perlen zu überreden, und muss schließlich die Konsequenzen seines Betrugsversuches tragen.

Sculptor Donald
(etwa 1941)

Donalds Versuche als Bildhauer werden von den drei Neffen sabotiert, die seine Wachsfigur einer Lötlampe aussetzen.

Die Handlungsidee übernahm Barks später noch einmal für seinen Donald-Comic *Der Schneemann-Preis* (*Status of Limitations*, BL-WDC 32/2), in dem Donald und die Neffen einen Schneemann bauen.

Madame XX
(1942)

Entwurf und Storyboard wurden von Jack Hannah angefertigt. Eine verführerische Enten-Spionin (mit einer gewissen Ähnlichkeit zu Veronika Lake) versucht Donald daran zu hindern, Geheimpläne im Verteidigungsministerium abzuliefern. Barks hat dieses Thema in dem Comic *Gefährliches Spiel* (*Dangerous Disguise*, BL-DD 17/1) verwendet, in dem Donald einer anderen Spionin begegnet, der ebenfalls verführerischen Madam **Triple-X**.

Donald's Tank
(1942)

Hierbei ging es um einen weiteren Entwurf, der den Krieg thematisiert. Die Handlung sollte in europäischer Umgebung spielen. Während Donald einen Panzer poliert, feuert er versehentlich eine Granate auf Feldwebel Kater Karlo ab. Um dem wütenden Karlo zu entkommen, springt er in den Panzer und stiftet einige Verwirrung, bevor er die französische Linie überholt und sogar einen Angriff vereitelt, indem er einen Teil der deutschen Panzerdivision überrascht.

Barks hat auch die Zeichnungen für das Storyboard angefertigt, unter denen sich eine Karikatur von Adolf Hilter befindet, die an Adenoid Hynkel aus *Der große Dikator* (1940) von Charles Chaplin erinnert.

FILMOGRAFIE

Uncle Scrooge
(1955)

Angesichts des großen Erfolges von Onkel Dagobert in den Comics schickte Ken Peterson, der Leiter der Storyabteilung der Disney Studios, am 4. Januar 1955 einen Brief an Barks, in dem er ihn bat, einen Entwurf für einen Kurzfilm mit Onkel Dagobert in der Hauptrolle zu verfassen.

Eine Woche darauf sendete Barks Peterson ein neun Seiten umfassendes Treatment, in dem Dagobert mit einer Maus aneinander gerät, die sich in den Speicher geschlichen hat und droht, die Banknoten anzuknabbern. Zwei weitere Wochen später zeigte Barks sich im Studio und stellte fest, dass sein Entwurf abgelehnt worden war und die Storymen an einer ganz anderen Handlung arbeiteten. Am 6. Mai schickte Peterson den Entwurf mit der Erklärung an Barks zurück: „Die Fernsehproduktion hat die Möglichkeiten, einen Kurzfilm mit Onkel Dagobert zu produzieren, eingeschränkt."

Allerdings meinte Jack Hannah, dass der Barks-Entwurf deswegen abgelehnt worden war, weil „jemand meinte, dass man sich über eine Figur, die derart dem Geld verfallen sei, nicht amüsieren könne. Onkel Dagoberts Gier war ein Motiv, das sie nicht verwenden wollten."

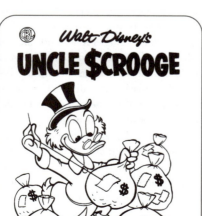

ADAPTIONEN EINIGER COMIC-GESCHICHTEN VON BARKS FÜR DIE TV-SERIE *DUCKTALES*
(1987 - 1990)

Regie: Alan Zaslove, David Block, Steve Clark, Terence Harrison. **Adaptionen durch:** Michael Keyes, Anthony Adams, Mark Young, Jack Hanrahan, Eleanor Burian-Mohr, Tedd Anasti, Patsy Cameron, Jack Enyart, Ken Koonce, David Wiemers, Jymn Magon, Richard Escuilsen und andere.

Staffel 1987 - 88

Robot Robbers - Die Riesenroboter (1965, US 58/1)

Lost Crown of Genghis Khan - Die Krone des Dschingis Khan (1956, BL-OD 10/2)

Earth Quack - Land unter der Erdkruste (1956, BL-OD 10/1)

Micro-Ducks from Outer Space - Besuch vom Planeten Diana (1966, US 65)

Back to the Klondike - Wiedersehn mit Klondike (1953, BL-OD 4/1)

Scrooge's Pet - Der Käse von Kirkebö (1955, BL-OD 8/1)

The Golden Fleecing - Das goldene Vlies (1955, BL-OD 9/3)

The Status Seekers - Die Spitzen der Gesellschaft (1963, BL-OD 24/4)

Once Upon a Dime (*Bis dass das Geld euch scheidet*) - Aus verschiedenen Comics adaptiert.

Staffel 1989 - 90

The Land of Tralla La - Der verhängnisvolle Kronenkork (1954, BL-OD 6/2)

Alberto Becattini

BARKS BEAVER

North West Mounted

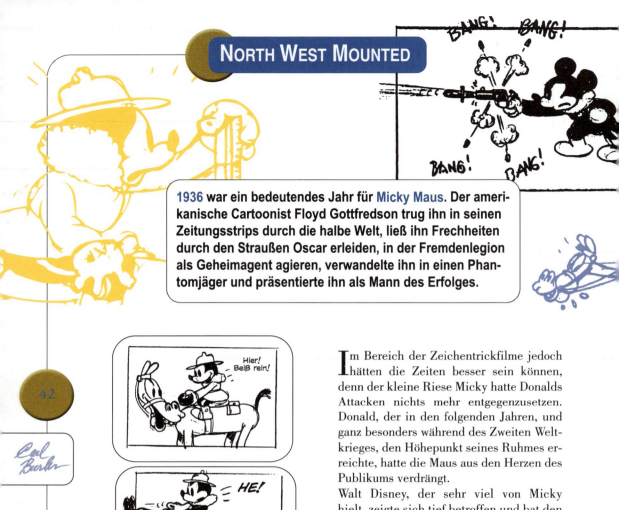

1936 war ein bedeutendes Jahr für **Micky Maus**. Der amerikanische Cartoonist Floyd Gottfredson trug ihn in seinen Zeitungsstrips durch die halbe Welt, ließ ihn Frechheiten durch den Straußen Oscar erleiden, in der Fremdenlegion als Geheimagent agieren, verwandelte ihn in einen Phantomjäger und präsentierte ihn als Mann des Erfolges.

Das Pferd verschluckt Mickys Arm

Micky muss seinen Handschuh herausfischen

Im Bereich der Zeichentrickfilme jedoch hätten die Zeiten besser sein können, denn der kleine Riese Micky hatte Donalds Attacken nichts mehr entgegenzusetzen. Donald, der in den folgenden Jahren, und ganz besonders während des Zweiten Weltkrieges, den Höhepunkt seines Ruhmes erreichte, hatte die Maus aus den Herzen des Publikums verdrängt.

Walt Disney, der sehr viel von Micky hielt, zeigte sich tief betroffen und bat den Animator Fred Moore, Micky einen neuen Look zu verpassen.

Der sympathische Donald

Doch zurück ins Jahr 1936. Unter dem Logo Mickey Mouse Cartoons waren in jenem Jahr mehr als zehn Kurzfilme mit Donald auf der Leinwand zu sehen. Sie wurden dem Publikum von den Filmverleihern quasi als witzige Vorspeise zu den Spielfilmen serviert, um sie auf das eigentliche Spektakel einzustimmen.

Jener Micky, an dem die Animatoren im Jahr 1936 arbeiteten, spielte dabei allerdings nur noch selten die Hauptrolle. Der heroische Ausdruck, der ihn in den

Micky Maus in Klondike

Barks begann mit der Arbeit an dem Cartoon im Juli 1936, kurz nachdem er vom Disney-Studio angestellt worden war. Anfang August war der größte Teil der Geschichte fertig.

zwanziger und dreißiger Jahren gekennzeichnet hatte, war aus seinem Repertoire gestrichen worden.

Thru the Mirror

Die Geschichten, die für Micky gestrickt wurden, waren immer recht „vielschichtig", wie in *Mickey's Polo Team* (mit Hollywooddiven und menschenähnlichen Tieren), in *Mowing Day* (mit Goofy und Donald) oder in *Alpine Climbers* (mit Donald und Pluto).
Dieses „mit Donald und Pluto" klingt nun, als wären sie Mickys Komparsen, doch die Untertitel lassen keinen Zweifel daran, dass die Animatoren und der Regisseur Ben Sharpsteen lieber Donald in jenen Rollen sahen, die bisher von der Maus mit den runden Ohren besetzt worden waren.
Im Jahr 1936 spielte Micky Maus daher nur noch in zwei Filmen die Hauptrolle: in *Mickeys Rival*, wo er sich aus Liebe zu Minnie mit dem angeberischen Nagetier Mortimer anlegt, und in *Thru the Mirror*. Letzterer war durch Lewis Carrols *Alice hinter den Spiegeln* inspiriert. Micky Maus geht wie die kleine Alice durch einen Spiegel und findet auf der anderen Seite eine Welt voller Wunder, aber auch voller Gefahren. Am Storyboard zu *Thru the Mirror* hatte auch Carl Barks mitgearbeitet. Von ihm stammen die Zeichnungen zu der Sequenz, in der sich Micky als Tänzer à la Fred Astair entpuppt.

Nachdem *Northwest Mounted* abgelehnt worden war, arbeitete Barks zusammen mit dem erfahrenen Storyman Harry Reeves. Aber Barks hatte kein Feeling für Micky.

Das Filmarchiv

Northwest Mounted hätte der dritte Film mit Micky Maus als Hauptdarsteller werden können, nur leider ist er nie über die Entwicklungsphase hinausgekommen. Ein Schicksal, das er mit einigen anderen Projekten dieser Jahre teilt.
Genauso erging es nämlich einem anderen Entwurf, den Barks einige Wochen zuvor für den Micky-Kurzfilm *Desert Prospectors* geschrieben hatte. Vielleicht wurde auch *Northwest Mounted* wegen seiner veralteten Epik zurückgestellt. Micky Maus in der Uniform eines kanadischen Polizisten, der seinen Dienst in Klondike tut - das war nicht gerade aktuell.

Tanglefoot

Zudem ist der Plot dieser Geschichte der gleiche wie in *Gallopin' Gaucho* (1928), der zweite Film mit Micky, der jedoch in Argentinien spielte. Hier war Micky ein erfahrener und leidenschaftlicher Typ im Stile Rudolpho Valentinos. Doch während Micky in *Gallopin' Gaucho* ein anonymes Ross reitet, ist es in *Northwest Mounted* eben jener **Tanglefoot**, der drei Jahre zuvor in den Strips von Floyd Gottfredson aufgetaucht war.
Von Tanglefoot zeichnete Barks auch ein Model Sheet für die Animatoren, in der weisen Voraussicht auf den gleichnamigen Kurzfilm, in dem das Pferd die eigentliche Hauptrolle spielen sollte. Doch auch dieser Entwurf wurde abgelehnt. Tanglefoot war eine Art Adaption eines *Comicstrips*, den Floyd Gottfredson 1933 gezeichnet hatte und in dem Kater Karlo in der Rolle des Schurken auftritt.
Auf den folgenden Seiten befindet sich eine Zusammenfassung des Storyboards, das die grundlegende Handlung mittels einer Auswahl von Zeichnungen vermittelt.
Barks fertigte alles auf gelben Zetteln, skizzierte und kolorierte die Blätter mit Farbstiften. Diese Zettel, von denen jeder eine Zeichnung mit Bildunterschrift und gelegentlichen Lautmalereien bietet, wurden an eine Holztafel geheftet, die im Studio an der Wand hing. So konnten die Animatoren und Regisseure immer wieder den Verlauf der allgemeinen Entwicklung der Geschichte kontrollieren.

Um die Ausführung zu beschleunigen, hatte Barks in einigen Zeichnungen Mickys Ohren nicht ausgezeichnet. Auch Kater Karlos Holzbein war bereits von den Trickfilmzeichnern archiviert worden. In den Comics trug er das Holzbein allerdings nur bis 1941.

Luca Boschi

NORTHWEST MOUNTED

ODER

Mickey Gets His Man
Royal Mounted Police
Mickey of the Mounted
Mickey the Mountie

von Carl Barks

Klappt verstohlen die Karte zusammen –
versteckt sie in der Schublade

Minnie kommt singend heraus

Sie wirft einen großen Schatten
an die Wand

EEK!

SCHREI
SZENE AUSSEN

—

KATER KARLOS
GELÄCHTER

Anmerkung: Im Original spricht Karlo
mit franko-kanadischem Akzent

BLENDE —
DIE FOLGENDE SZENE
SPIELT BEI TAGESLICHT

Spuren im Schnee   TOTALE AUF KATER KARLO

„Na los ... geben Sie dem alten Karlo einen Kuss, Fräulein!"

„Dann eben rein in den Sack!"

Das Pferd verschluckt Mickys Arm

Micky muss seinen Handschuh herausfischen

Nimmt den Apfel mit der Zunge auf, so als würde eine Lokomotive durchs Wasser ziehen (auf Gleisen)

Er hält an und benutzt einen Zweig als Zahnstocher

Ein Schneesturm kommt auf

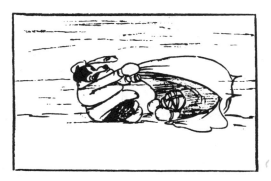

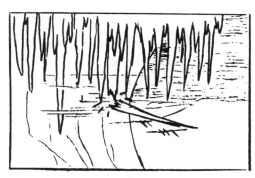

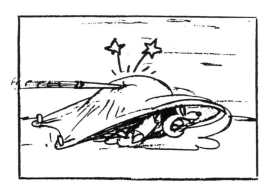

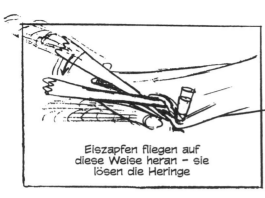
Eiszapfen fliegen auf diese Weise heran – sie lösen die Heringe

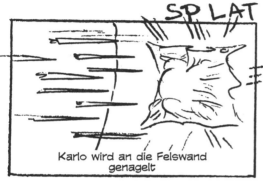
Karlo wird an die Felswand genagelt

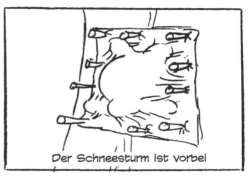
Der Schneesturm ist vorbei

26 Grad unter Null!

He, Tanglefoot, schau dir das an!

He! Irgendwas stimmt hier nicht!

NICKEN

"*Ich verstehe! Ich verstehe!*"

Vorschlag für die Rettungsszene

MINNIE

Karlo macht Feuer

Der Wind trägt es fort

Er dreht rasch den Kopf, der Wind schiebt das Feuer zwischen seine Beine

Karlo ist perplex

Der Wind hebt den Rauch, während
Karlo seinen Hosenboden löscht.
Der Rauch formt sich zu zwei Fingern.

Der Wind drückt die zwei Finger
Karlo in die Augen.

Karlo ist wütend

Der Rauch geht in Form einer Faust
wieder zum Angriff über.

Karlos Hose fängt Feuer.
Der Rauch formt jedes Mal eine Wolke,
wenn Karlo im Schnee aufkommt.

Totale auf Karlo, der sich überschlagen hat.
Er fällt kopfüber in den Schnee.

Sein Kopf taucht auf,
er wendet sich zum Feuer.

Vorsichtig berührt er das Feuer.
Nichts geschieht.

Micky kommt am Rande eines Hügels an und
blickt über die unebene Landschaft.
Wird er Karlo hier finden?

Der Wind heult - der Schnee wird aufgewirbelt.
Furcht einflößende Atmosphäre.

Während er den Hügel hinuntergeht, tobt
der Wind stark. Wegen dem starken
Wind verschieben sich die Hügel.
Schreckliche Atmosphäre.

Micky sucht jeden Winkel ab.

Eine Windböe erfasst den
Eierkuchen.

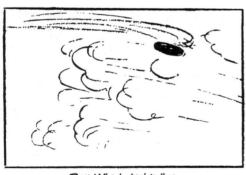

Der Wind dreht ihn.

Der Duft des Eierkuchens windet sich
zwischen den Hügeln hindurch.
In Richtung Micky.

Der Duft kriecht in Nüstern und Ohren des Pferdes und kratzt es nachdenklich am Kinn.

 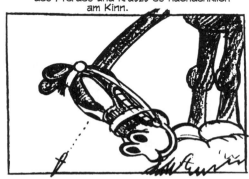

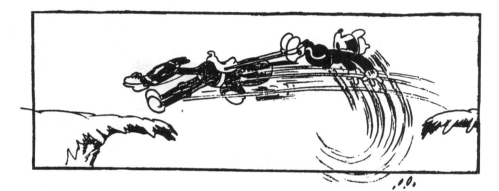

Wenn du nicht sprichst ...

Geste des Halsabschneidens.

Karlo hebt die Waffe hoch und entsichert sie.

„Noch zwei Minuten zu leben!"

Eine unsichere Brücke aus Schnee spannt sich über einen Abgrund ohne Boden.

Das Pferd überquert die Brücke nur mit den Vorderbeinen.

Die Vorderbeine warten, bis die Hinterbeine über die Brücke gelangt sind.

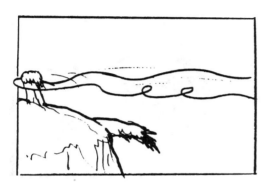 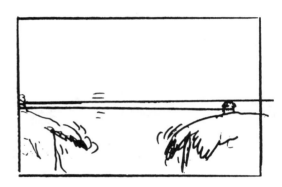

 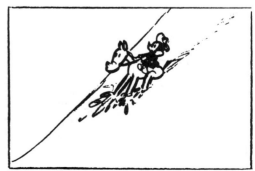

Eine Rutschpartie im Stil von Tom Mix.

Dem Pferd macht es Spaß.

Das Pferd wendet und rennt wieder den Hügel hinauf.

Und rutscht noch einmal hinunter.

„Ha! Noch eine Minute zu leben!"

Anmerkung: Ein „schwachsinniger" Gag von Barks! Die Kugeln fliegen dem Pferd ins Maul ...

... drehen eine Runde durch den Körper des Pferdes (man beachte die Beulen!!) ...

... und schließlich schießen sie zum Maul wieder hinaus!

Das Pferd schiebt Karlo zur Seite und entdeckt den Eierkuchen.

Das Pferd verschlingt den Eierkuchen.

Schnüffelt an Minnie, erschreckt sie.

Micky umarmt Minnie ...
Tanglefoot frisst noch einen Eierkuchen ...
und „der Vorhang fällt".

ENDE

Carl Barks war der einzige Künstler, der das Storyboard zu *Northwest Mounted* gezeichnet hat. Als er nach der Echtheit der Zeichnung, die oben abgebildet ist, gefragt wurde, antwortete er: „Es entspricht alles genau meinem Stil, mit Ausnahme der Ohren des Pferdes und der Steigbügel".

Im Universum der Sprechblasen

Der außergewöhnliche Reichtum an Geschichten, Figuren und Ideen, an Lehrreichem und Unterhaltsamem, den uns Carl Barks als Erbe hinterlassen hat, zeigt sich in einer enormen Zahl verschiedenster Comics.

In Gelb, eine Karikatur von Barks.
Oben: Das Cover der **WDC&S** Nummer 212, vom März 1958.

In Amerika erschienen die Geschichten von Barks monatlich, zweimonatlich oder vierteljährlich im Heftformat und in thematische Reihen unterteilt. Im Ausland gab es oft andere Publikationsformen, und so wurden dort Kurzgeschichten mit Gags von Donald aus den *Onkel-Dagobert*-Bänden oder die Abenteuer auf dem Bauernhof von Oma Duck mit Entwürfen aus der *Fähnlein-Fieselschweif*-Reihe vermischt.

Um sich die Komplexität des Bestandes an Barks-Comics zu vergegenwärtigen, ist es sinnvoll, die ursprünglichen Charakteristiken der verschiedenen Serien herauszuarbeiten. Sie sind so kurios und atypisch, wie das Gesamtwerk seiner Comics (nicht nur der von Disney).

Comics Carl Barks

So ist es zum Beispiel dem editorischen Ansporn von Western zu verdanken, dass die Alben mit Onkel Dagobert entstanden, dass Barks eine eigene Reihe für Daniel Düsentrieb erhielt und er gebeten wurde, einige Abenteuer für die Serie *Daisy Duck's Diary (Daisys Tagebuch)*, eigentlich Dick Moores Werk, zu zeichnen.

Walt Disney's Comics and Stories

Das monatlich erscheinende *Walt Disney's Comics & Stories* umfasste einen Comic-Zyklus, in dem Barks mit dem Potenzial der Disney-Figuren experimentieren und an ihm feilen konnte. Die Hauptfiguren dabei waren: Donald, Daisy, Tick, Trick und Track.
Hier schuf er ein eigenes Universum, das in den Filmen noch nicht zu erkennen war, und er erfand die Stadt **Duckburg (Entenhausen)**, zitiert zum ersten Mal im Jahr 1944, in der Nummer 49 des Monatshefts. *Walt Disney's Comics & Stories* war das erste Magazin mit Originalabenteuern, in denen die Welt von Disney im Mittelpunkt stand. Es war der Laufsteg für seine immer beliebter und berühmter werdenden „Akteure", die in ihren eigenen Geschichten von Protagonisten „in der Probezeit" flankiert wurden.
Donald kam dabei die Ehre zu, mit seinem ganz besonderen Witz die Alben zu eröffnen, während Micky Maus die Alben mit langen Fortsetzungsgeschichten, die zu seinem Sinn fürs Abenteuer passten, beendete.

Zwei höchst unterschiedliche Schöpfungen von Barks. Oben: ein Bewohner der Everglades. Rechts: der Zombie Bombie.

IM UNIVERSUM DER SPRECHBLASEN

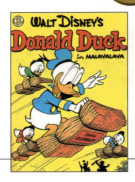
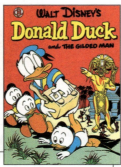
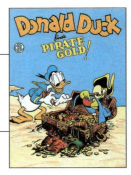

Das Cover der ersten Geschichte von Barks für die *Four Color*-Reihe.

Drei Bände von *Donald Duck*, die lange Abenteuergeschichten von Barks enthalten.

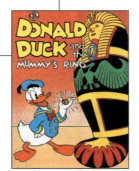

Four Color Comics

Zehnseiter mit Donald

Für die Geschichten von Barks, die in der Regel den Titel *Donald Duck* trugen, stellte ihm Western nur zehn Seiten zur Verfügung. Für einen großen Könner wie Barks reichte selbst so wenig Platz aus, um komplizierte Handlungen zu entwerfen. Vor allem brachte es ihn dazu, zugunsten der Dynamik der Geschichten seinen Hang zum Epischen zu zügeln. Ein Umstand, dem wir vermutlich Donalds Charakter und seine hervorstechendsten Merkmale zu verdanken haben. So wurde er zu dem Donald, den wir alle kennen: sich mit Nachbar Zorngiebel streitend, mit Daisy flirtend, mit Gustav rivalisierend, von den Neffen geärgert (oder gerettet, je nach dem!), seine Berufe mit legendärer Häufigkeit und unterschiedlichsten Ergebnissen wechselnd. Zwar erinnern Dynamik und Rhythmus der Handlungen in den Geschichten aus dieser ersten Barks-Periode eher an Kurzfilme als an Comics, doch mit der Zeit schaffte Barks es sogar, dass diese Zehnseiter seine Philosophie übertrugen, widerspiegelten und lebendig werden ließen.

Die Kurzgeschichten von Donald fanden ihre Ergänzung in den langen Abenteuergeschichten, die sich für gewöhnlich außerhalb von Entenhausen abspielten. Die erstaunliche Reihe von Western, *Four Color*, in der nicht nur Disney-Figuren gastierten, bot Barks eine vortreffliche Bühne für die Konzeption von „Comic-Spielfilmen". Seine erste Geschichte erlebte Donald Duck in **Piratengold** (*Donald Duck Finds Pirate Gold!*, BL-DD 1/1). Darauf folgten unvergessliche Irrfahrten durch entfernte Länder und verschiedene Epochen. Sie führten durch **Ägypten** in *Der Schlangenring* (*The Mummy's Ring*, BL-DD 2/1), durch **Alaska** in *Nordische Nächte* (*Frozen Gold*, BL-DD 3/1), durch die Sümpfe der

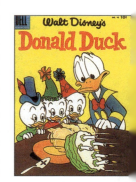

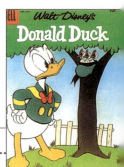

Weitere Titelbildgestaltungen von Carl Barks.

Seltsamerweise begleiten hier Mickys Neffen Mack und Muck den Herrn Ingenieur.

re Kurzgeschichten in den Zyklus auf, etwa Episoden von *Daisy Ducks Tagebuch* (*Daisy Duck's Diary*) oder von *Oma Duck* (*Grandma Duck's Farm and Friends*).

Ein Ausflug mit Micky

Everglades in *Die Sumpfgnome* (*Mystery of the Swamp*, BL-DD 3/2) oder durch den **Wilden Westen** in längst vergangenen Tagen mit *Der Sheriff von Bullet Valley* (*Sheriff of Bullet Valley*, BL-DD 9/1). Durch diese Serie monografischer Alben defilierten der Zombie Bombie und Berengar Bläulich, ein zählender Papagei und ein mechanischer Spion, die persische Gattin, das Phantom der Grotte oder Hexen, die alle ihrer Kollegin aus Schneewittchen sehr ähnlich sahen. Auf der ständigen Suche nach neuen Möglichkeiten, Donald und seine Familie zusammentreffen (oder zusammenstoßen) zu lassen, führte Barks im Jahre 1947 in *Four Color*, Nummer 178, beiläufig einen gewissen **Uncle Scrooge McDuck (Dagobert Duck)** ein. Für *Four Color* kreierte Barks auch seine Lieblingsgeschichten: *Im alten Kalifornien* (*Old California*, BL-DD 19/1) und die zeichnerisch beste seiner Geschichten: *Im Land der viereckigen Eier* (*Lost in the Andes*, BL-DD 10/1). Dann, während der fünfziger und sechziger Jahre, erhöhte der Herausgeber die Seitenzahl der Ausgaben und nahm noch weite-

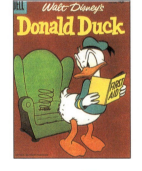

Barks war nur an einer einzigen *Micky-Maus*-Geschichte beteiligt. Sie wurde 1945 in der Augustausgabe von *Four Color* unter dem Titel *Das Rätsel des roten Hutes* (*Mickey Mouse and the Riddle of the Red Hat*, BL-DD 5/2) veröffentlicht. Verantwortlich für den Handlungsentwurf war vermutlich Eleanore Packer, während **Floyd Gottfredsons** Geschichte *Mickey Mouse in Love Trouble* von 1942 Barks als Vorlage diente, weshalb Micky auch noch die berühmte rote Hose trägt.

Bunny & Porky

Four Color brachte auch eine nicht Disney-Geschichte von Barks heraus, die wesentlich zum Mythos seiner Einzigartigkeit beitrug. Es ist Porky Pig in „*Porky of the Mounties*" (Nr. 48, 1944), geschrieben von Chase Craig. Im Mittelpunkt steht das Schweinchen **Porky Pig** (in

Rechts: Eine Zeichnung aus *Das Rätsel des roten Hutes* (1945), der einzigen Micky Maus-Geschichte von Carl Barks.

Im Universum der Sprechblasen

Deutschland Schweinchen Dick genannt), das von **Fritz Freleng** im Jahre 1935 erfunden wurde. Ihm zur Seite steht das Kaninchen **Bugs Bunny**, das zu dieser Zeit wohl der größte Star der Cartoons von Warner Bros war. Das Abenteuer spielt in Kanada, wo Schweinchen Dick dem Corps der Mounties beitritt. Barks hat später ein wunderbares Ölbild dazu gemalt, von dem eine Reproduktion 1977 als Titelbild der 7. Ausgabe des **Comic Book Price Guide** von Robert Overstreet verwendet wurde. Die Geschichte *Porky of the Mounties* ist aber auch deswegen berühmt, weil Carl Buettner, der Verantwortliche bei Western, teilweise das Mienenspiel von Porky und Bunny vor der Veröffentlichung neu zeichnete und über die Originale von Barks klebte.

Andy Panda

Der kleine Protagonist des Kurzfilms *Life begins for Andy Panda,* animiert von Alex Lovy, wurde 1939 im Studio von Walter Lantz geboren. Einige Jahre danach hatte Andy es geschafft, Darsteller im Comicheft von Western zu werden, und das in einer langen Serie. Im Jahr 1943 zeichnete dann Barks eines von 10 Blättern. Der Text stammte von Eleanore Packer und die Story erschien in der Nummer 76 der *New Funnies*. Der Titel war einfach *Andy Panda*, aber die Fans kennen ihn auch als *The Window's Doughnuts*. Barks zeichnete die menschlichen Gestalten und den Hintergrund, doch bei Andy Panda half ihm der Kollege Jim Pabian, der Andy schon länger kannte.

Drops, der stoische Hund

Der Beagle mit dem traurigen Gesichtsausdruck à la Buster Keaton, von Tex Avery für die Trickfilme von M.G.M. im Jahr 1943 erfunden, wurde im Jahr darauf von Barks für die Nummern 9 und 11 von **Our Gang** gezeichnet. Der unterkühlte Spürhund mit den halbgeschlossenen Augen ist in beiden Abenteuern einem kriminellen Wolf auf der Spur. Barks zeichnete Drops nach einem *Model Sheet*, das er von *Western* bekommen hatte, ohne die Trickfilme je gesehen zu haben. Tex Avery hatte dem Beagle zu diesem Zeitpunkt noch keinen Namen gegeben, weshalb Barks ihn nach eigenem Gutdünken im Titel seiner Geschichten **Happy Hound** taufte. Viel

Ein Ölbild von Barks, auf dem keine Disney-Figuren zu sehen sind. Es ziert das Cover zum Comic-Preiskatalog von Overstreet.

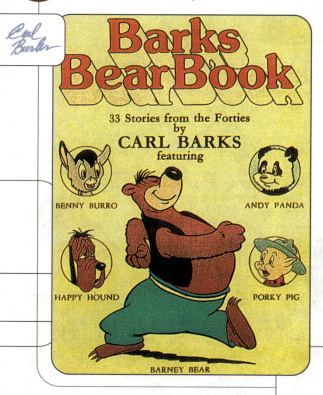

Es muss ja nicht immer die Familie Duck sein. Carl Barks hat sich auch nicht davor gescheut, die berühmten Darsteller von M.G.M. zu zeichnen.

Links: Benny Burro und Barney Bear in der Barks-Version. **Oben**: Benny Burro (1944).

später entdeckte er im Kino, dass M.G.M. bereits entschieden hatte, den Hund für die künftigen Cartoons Droopy zu nennen.

Barney und Benny

Barks hatte noch nie von **Barney Bear** gehört, obwohl er der führende Darsteller der Cartoons von M.G.M. war und dort noch vor *Tom und Jerry* rangierte. Umso weniger kannte er den anonymen Esel aus dem Kurzfilm, den Rudolf Ising 1942 gedreht hatte: *Little Gravel Voice*. Trotzdem wurde er von Western gebeten, die Figuren für eine Storyserie in *Our Gang* zu entwickeln.

In den ersten beiden Abenteuern ging es nur um den bis dahin namenlosen Esel, der von Eleanore Packer Benny getauft wurde.

Aber mit der Einführung von Barney Bear (in der Nummer 11, Mai/Juni 1944) begann eine bewegende und interessante Saga, die letztlich 26 weitere Abenteuer umfasste.

Der Zyklus ***Barney Bear and Benny Burro*** wurde für Barks zur wichtigsten Erfahrung auf dem Gebiet der nicht Disney-Comics, obwohl er einige Themen aus seinen Donald-Kurzgeschichten antizipierte: der Schläger aus der Nachbarschaft ist nicht Nachbar Zorngiebel, sondern ein Elch namens Moosface Elk, zudem erhielt Barney später zwei Neffen namens Fuzzy und Wuzzy. So setzten der Bär, der Esel und der Elch lange Zeit ihre Abenteuer fort, bis Barks sie im Jahr 1947 an Gil Turner übergab.

Sonderausgaben

Zu den Sommer- oder Winterferien, zur Eröffnungsfeier eines neuen Parks, zu

---

Barks und die Strips
von Alberto Becattini

In den Jahren 1939 und 1940, während Barks im Story-Department der Disney Studios arbeitete, schickte er seine Gags für die *Donald-Zeitungscomics* an die Comicabteilung und bekam ein Honorar von 10 Dollar pro Gag. Einen dieser Gags (unten zu sehen) hat Barks selbst in einer Geschichte „wiederverwertet". Sie erschien 1948 in der Reihe *Four Color*.

Links: eine Zeichnung aus dem *Zeitungsstrip* vom 11. September 1939 (von Al Taliaferro).

Im Universum der Sprechblasen

Beginn eines neuen Schuljahres, zum Start eines neuen Spielfilms oder zu Halloween - stets brachte Western seine **gigantischen Sonderbände** in den Handel. In diesen Bänden tauchten auch Figuren auf, die in den normalen Heften nicht regelmäßig erschienen.

Barks trug mit Meisterwerken zu diesen **Giants** bei. So erschien *Zu viele Weihnachtsmänner* (Letter to Santa, BL-DD 11/1) 1949 in *Christmas Parade*, womit er Onkel Dagobert, dessen fünfte Geschichte es war, eine Gelegenheit gab, seine Persönlichkeit zu festigen. In diesen vielfältigen Sonderausgaben erschien ebenfalls der wunderbare Comic *Familie Duck auf Ferienfahrt (Vacation Time,* BL-DD 18/1), die längste Geschichte, die Barks je gefertigt hat. Hingewiesen sei auch auf den weitschweifigen Flashback aus dem Leben des Dagobert Duck, in dem Barks ihn als jungen Erpel zeigt, der mit dem bissigen Dübel Düsentrieb, Daniel Düsentriebs Großvater, einen Dampfer über den Mississippi steuert (*Jugenderinnerungen, Uncle Scrooge Goes to Disneyland*, BL-OD 21/1).

Das Epos von Onkel Dagobert

Mit dem Beginn der Reihe *Uncle Scrooge* bei Western im Jahre 1951, konzentrierte sich Barks darauf, die Abenteuer ausführlicher und komplexer zu gestalten. Auf diese Weise schuf er äußerst originelle Erzählungen, die sich dadurch auszeichnen, dass sie nicht als Nebenzweig einer Trickfilmproduktion entstanden waren. Das Medium Film hatte Barks tatsächlich beeinflusst, aber das lag schon viele Jahre zurück.

Der Vater der Ducks hatte für jede Geschichte eine gewisse Anzahl an Seiten zur Verfügung, ganz so wie bei den guten alten *Four Color*. Aber was noch wichtiger war, Barks hatte auch einen neuen Darsteller: den **extravaganten Magnaten** von Entenhausen, Dagobert Duck. Um ihn herum ließ Barks die Charaktere rotieren und fügte neue Figuren hinzu.

Seltsamerweise beginnt die Nummerierung der Comicheft-Reihe *Uncle Scrooge* mit der Nummer 4. Vielleicht, weil drei der ersten

Oben: Zwei unglaubliche Geis
Links: Der texasche Magnat Lo horn Tallgrass.

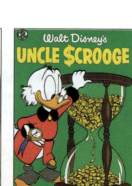

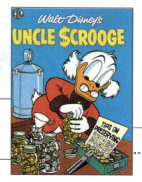

Vier Beispiele für die glänzenden Titelseiten, die über viele Jahre die Reihe *Uncle Scrooge* schmückten.

Rechts: Diese Zeichnungen führten den Glückszehner ein. Auf der Abbildung weiter unten sieht man einen grübelnden Onkel Dagobert in seinem Sorgenzimmer.

langen Abenteuergeschichten - *Der arme reiche Mann* (*Only a poor old man*, BL-OD 3/1), *Wiedersehn mit Klondike* (*Back to the Klondike*, BL-OD 4/1), *Der neue Tresor* (*The round money bin*, BL-OD 5/2) - jedenfalls formal gesehen, in der Reihe *Four Color* erschienen waren (FC 386, 456, 495). Inzwischen hatte der reichste Erpel der Welt damit begonnen, seinen Horizont zu erweitern. So wurde zum Beispiel in *Der neue Tresor* der Glückszehner (auch „erster Kreuzer" genannt) eingeführt, jene Münze, die in Dagoberts Leben eine so entscheidende Rolle gespielt hat und immer wieder spielen sollte. Die Panzerknacker traten jedoch erst ab 1958 regelmäßig auf und erhielten später noch einen bärtigen Großvater, der mit ihnen gemeinsame Sache gegen Dagobert machte.

Geschichte auf Geschichte wurde nun das schlaue Handbuch der Neffen zu Rate gezogen, das Sorgenzimmer betreten, außergewöhnliche Völker entdeckt – wie die Zwergindianer und die Männchen vom Planeten Diana –, oder in die entlegendsten Winkel der Erde gereist und selbst Asteroiden erkundet.

Doch mit Onkel Dagobert traten auch nach und nach seine Kontrahenten und Feinde auf den Plan. So etwa der prätentiöse Mac Moneysack, die verführerische Hexe vom Vesuv, Gundel Gaukeley, der dünkelhafte reiche Texaner Longhorn Tallgrass und der Schwindler Erich von Ehrenspeck, die allesamt hinter Dagoberts geliebten Talerchen her waren.

Die Erfindungen des Daniel Düsentrieb

Aus verlegerischen Gründen wurde Daniel Düsentrieb von den Ducks getrennt und zum Hauptdarsteller seiner eigenen vierseitigen Geschichten gekürt, die ab 1956 regelmäßig in *Uncle Scrooge* erschienen. Düsentrieb offenbarte sich als der **einzigartige Denker** in einem Mikrokosmos aus Tieren, Robotern und Sprengkörpern. Dabei wurde er bereits von dem pfiffigen Miniroboter **Helferlein** begleitet.

1959 erhielt er bei *Four Color* seine eigene Reihe aus vier Bänden mit dem Titel *Gyro Gearloose*.

Luca Boschi

Der geniale Erfinder Daniel Düsentrieb und sein flinker Assistent Helferlein debütierten im Mai 1952.

DETAILSUCHE

Unter allen Geschichten, in denen Donald die Hauptrolle spielt, ist *Donald Duck im alten Kalifornien* (*Donald Duck in old California*, BL-DD 19/1) sicher die, in der Barks seine Vorliebe für amerikanische Historie und Nostalgie am weitesten getrieben hat.

Das alte des Carl

Barks hatte die Fähigkeit, Bilder von fremden Ländern äußerst realistisch zu gestalten. „Aha, das ist also Kalifornien?", denkt der Leser. Doch dann hat er den Eindruck, als würde er sich im Spanien des 19. Jahrhunderts befinden: Kirchen, Señoritas, Häuser im Kolonialstil und Fiestas. Sollte Barks sich vertan haben? Nein, denn schon fällt der Blick auf Donald, dessen Pupillen sich in zwei Talerzeichen verwandelt haben. Ein genauso eindeutiges Zeichen wie die Ausrüstung: Es ist Kalifornien, 1848, zur Zeit des Goldrauschs.

Karen Grant Thomas und Crist Thomas als Romana und Alessandro in einem Film aus den dreißiger Jahren.

Kalifornien Barks

Lange und echte Entfernungen

Um sein Abenteuer vor einem historischen Hintergrund spielen zu lassen, musste Barks bei dieser Gelegenheit ausnahmsweise einmal nicht den *National Geographic* zu Rate ziehen. Dieser Hintergrund war ihm nämlich bestens bekannt, da er zehn Jahre (1942-1951) im San Jacinto Valley gelebt hatte.

Seinem fotografischen Gedächtnis vertrauend, konnte er daher mit dem Bleistift ein realistisches Panorama aus Hügeln, Tälern, Wegen und Bauten entstehen lassen. Sogar den Ort, durch den Donald mit seinem 313 fährt, gibt es wirklich: Er liegt nur einige Meilen von Barks' ehemaligem Haus entfernt.

Aber außer dem Tal gibt es noch andere Bezüge zu Panchita, jener romantischen weiblichen Figur, die in *Im alten Kalifornien* eine wichtige Rolle spielt.

Oben: Die alte Mission, die am Wege der Ducks liegt. Sie erinnert ein wenig an San Juan Capistrano (Foto links).

DETAILSUCHE

Realität und Zeichnung stehen sich gegenüber: **Links das Foto**, das die Straße nach San Jacinto zeigt, die von der Soboda Road gekreuzt wird ...

... und hier dieselbe Straße aus der Erinnerung von Barks, der zehn Jahre an ihr wohnte. Rechts im Bild ist der Felsen, gegen den Donald gleich fahren wird.

Die schöne Ramona

Doch welche Bezüge sind das? Nun, zu der Zeit, als Barks in San Jacinto lebte, war es Tradition, dass die Bewohner des Dorfes jedes Jahr einen Umzug zu Ehren **Ramonas** abhielten. Ramona war eine schöne, reiche und junge Spanierin. Sie war die Hauptfigur in einem Roman von **Helen Hunt Jackson**, der damals viele junge Mädchen bittere Tränen vergießen ließ. In dem Buch ging es um die unglückliche Liebe zwischen Ramona und dem Indianer Alessandro. Außerdem klagt der Roman aber auch jene brutale Gewalt an, mit der die staatliche Autorität damals gegen die kalifornischen Indianer vorging.

In Barks Geschichte werden Ramona und Alessandro als *Panchita* und *Rolando* wieder zum Leben erweckt. Die Tragik, dass sie trotz ihrer Gefühle füreinander nicht glücklich werden können, lebt hier wieder auf. Aber im Unterschied zum Roman, tauchen in *Im alten Kalifornien* die Ducks auf und sorgen für ein Happy End.

Die antike Mission

Jedoch handelt Barks' Geschichte nicht nur von Gefühlen, sondern enthält auch viele historisch-geografische Bezugspunkte,

Die Anordnung der Glocken, der von Barks gezeichneten Mission, gleicht tatsächlich dem Glockenturm von San Gabriel Arcangel (**Foto links**).

Fort Sutter, 1849, nach einer Lithografie von Cooper. Es ist klar, dass Barks sich für seine Zeichnung von Cooper inspirieren ließ. Hinzugefügt hat er nur die vielen Planwagen, um die Manie des Goldrausches darzustellen.

die den Amerikanern auf besondere Weise am Herzen liegen. Die erste Ruine, an der Donald und die drei Neffen vorbeifahren, ist die *Old Mission*, eine alte Missionsstation. Sie wurde im Jahre 1769 von Franziskanermönchen erbaut, die nach Mexiko gekommen waren. Die Mission sollte Begegnungsstätte und Hilfsstation für die lokale indianische Bevölkerung werden. Knapp ein Jahrhundert später war sie zur Ruine verkommen. Als sich die Nordamerikaner diesen Teil Mexikos einverleibten, wurde die Mission aufwendig restauriert. Allerdings taten die neuen Besitzer des Landes das nicht aus reinem Mitgefühl für die einheimische Bevölkerung, sondern um die Vergangenheit der Gegend auch zu der ihren zu machen. Sie fertigten sogar falsche Karten an.

Der Goldrausch

Aber die Restaurationsarbeiten, die so eifrig begonnen worden waren, kamen zum Stillstand. Erst viele Jahre nach dem Goldrausch wurden sie wieder aufgenommen. Der Grund dafür lag in der Tatsache, dass man am **24. Januar 1848** in Fort Sutter, nahe des Rio Sacramento, **Gold gefunden** hatte. Die Meldung darüber hatte sich nicht nur wie ein Lauffeuer verbreitet, sie wurde auch noch aufgebauscht. Es wurde von enormen Vorkommen erzählt, fast so, als läge das Gold überall auf der Straße und man müsse sich nur bücken, um es aufzuheben. Wer hätte dieser Versuchung schon widerstehen können? Zu Hunderttausenden kamen die Glücksritter, um das weite Becken des Sacramentos zu überfluten, die Einwohner der Gegend zu vertreiben und kunterbunte Dörfer und Städte aufzubauen, in denen die zischenden Kugeln das einzige Gesetz und die Gauner die Herrscher waren. Barks unterstreicht in seinem *Im alten Kalifornien* diesen Aspekt ganz be-

Los Angeles, 1853. Das große Bild von C. Koppel zeigt Fort Sutter, das Zentrum des weiten „Imperiums", welches Sutter, ein Schweizer Emigrant, in Kalifornien aufgebaut hatte. Hier wurde 1848 Gold gefunden. **Links** die Zeichnung von Barks, die dieselbe Gegend zeigt, aber von einer anderen Seite des Tals aus betrachtet.

DETAILSUCHE

sonders, als er einen Gauner namens Ezry auftreten lässt, der Donald im Handumdrehen die Konzession abluchst. Ezry eignet sich aber nicht nur Donalds Land an, sondern auch seinen Namen. Er teilt seiner Frau Sara äußerst zynisch mit: „Von jetzt an heißen wir Duck!" Worauf Sara strahlend antwortet: „Wie schön, Ezry!"

An Bord des 313

Barks Geschichte ist so reich an Hinweisen, dass sie förmlich zu einer kleinen Rundfahrt in Donalds 313 einlädt. Fahren wir also mit den Ducks, wobei wir ihnen gegenüber zwei Vorteile haben: Wir kennen die Geschichte und haben eine Landkarte, auf der die Autobahnen und Bundesstraßen mit Nummern gekennzeichnet sind, während Donald und die Neffen einfach nur ins Blaue hineinfahren. Beginnen wir unseren Ausflug und lassen die dicke Luft des modernen Los Angeles hinter uns. Nun geht es über Nebenstraßen weiter, bis wir in die Camino Real einbiegen, beziehungsweise in die Straße, an der die Mission (1) liegt. Barks hat sie stellvertretend für all die anderen Missionen in Kalifornien gezeichnet, daher weist sie verwirrend viele „typische" Merkmale auf. Wer sie wirklich gebaut hat, scheint vergessen zu sein. Zugeschrieben wird das Verdienst aber den Indios.

Bekannte Orte

Die zweite Ruine, an der wir vorbeifahren, ist eine Ranch (2A), die sich ungefähr im San Jacinto Valley befinden dürfte.

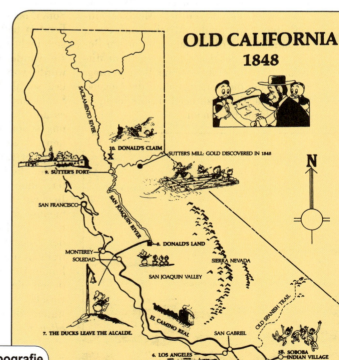

Karte zum Vergleich mit der Topografie der Gegend, in der sich die Geschichte abspielte, die Barks in *Donald Duck im alten Kalifornien* erzählt.

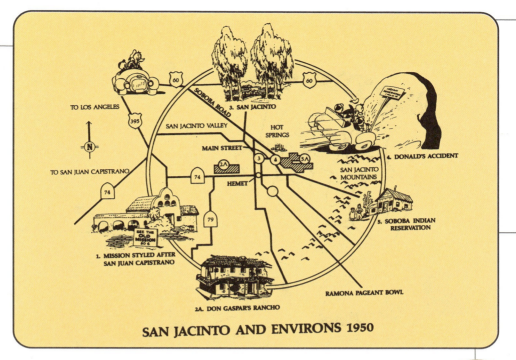

Sofort nachdem Donald und die Neffen das Schild mit dem Hinweis auf Ramona und das Dorf (3) gesehen haben, setzt Donald den Wagen vor den Felsen (4), der, wie wir bereits ausführten, nicht weit von Carl Barks' ehemaligem Haus entfernt ist. Zu der Karte, die auf dieser Seite abgedruckt ist, sollte noch bemerkt werden, dass das Indianerreservat Soboba (5) praktisch ein Steinwurf von Barks' Haus entfernt war und deshalb in der Geschichte auftaucht, weil Barks auf diese Weise sein Entsetzen darüber, dass hier Indianer in ein Lager (5A) gesperrt worden waren, auf die Ducks übertragen konnte. Und dort (5B, auf der Karte von Seite 80) beginnt der Traum „der Vier", der sie „in die guten alten Zeiten" führt.

Der Goldrausch

Die erste Etappe ist die Ranch von Don Gaspar. Es ist ein Herrenhaus, das wieder in seiner antiken Pracht erstrahlt und die Ducks im Laufe der Geschichte mit der prickelnden Erfahrung einer echten spanischen Fiesta überrascht. Später, in der Kutsche auf der langen Camino Real unterwegs, sehen wir in der Ferne Los Angeles (6).

Als Donald auf sein neues Grundstück weist (8), das er gerade geschenkt bekam, befindet er sich vermutlich im Süden von Monterey (7). Nachdem er von Ezry wenig elegant ausgetrickst und vertrieben wurde, navigiert Donald zuerst den San Joaquin River hinunter und dann den Sacramento hinauf, bis er Fort Sutter (9) erreicht, wo bereits das Gold gefunden wurde. Das Abenteuer endet auf Donalds Claim (10), direkt am Sacramento.

Ende der Geschichte

Dann erwachen die Ducks aus ihrem Traum und nehmen ihr altes Leben wieder auf. Aber muss sie so enden, die Geschichte von Barks? Ohne einen einzigen Abschiedsgruß an das Old California? Nein, sicher nicht. Daher sehen wir uns die Front der Ranch von Don Gaspar doch noch einmal an, jetzt definitiv eine Ruine. Ein letzter rascher Blick, während auf der Straße, neben Donald und den Neffen, ein Kabrio vorbeiflitzt – unübersehbares Zeichen dafür, dass wir wieder zu Hause sind. Oder wenigstens am Ende unserer Reise.

Lidia Cannatella

DETAILSUCHE

Bei der Erfindung seiner schönsten Geschichten hat Carl Barks sich von der Historie, antiken Mythen und Legenden oder von berühmten Werken der Literatur und des Films anregen lassen. Der folgende Text zeigt eine kleine Auswahl der schönsten Inspirationsquellen des Meisters aus Oregon.

Barks und seiner Ins

Atlantis

Für die Existenz des legendären versunkenen Kontinents, der über Jahrhunderte von einer hoch entwickelten Bevölkerung bewohnt war, gibt es zwei Zeugen. Der erste Zeuge ist jener Mann aus Kreta, von dem Platon in einem seiner Dialoge berichtet. Atlantis war bekanntlich eine Insel, die durch eine Katastrophe viele Jahrhunderte vor Christi Geburt zerstört wurde. Es gibt unzählige Theorien darüber, wo Atlantis liegen soll. Eine stammt von Barks, dem zweiten jener Zeugen. Er hat den submarinen Kontinent (und die Fischmenschen, von denen links einer zu sehen ist) durch Onkel Dagobert und seine Neffen entdecken lassen, als sie den wertvollen Zehner auf dem Grund des Ozeans suchen. Erzählt wird die Geschichte in **Der verlorene Zehner** (*The Secret of Atlantis*, BL-OD 6/1) aus dem Jahr 1954.

Die Weihnachtsgeschichte

Hauptfigur der Erzählung *The Christmas Carol* (1843) von Charles Dickens ist der alte geizige und zynische **Ebenezer Scrooge**, der vom Geist der Weihnacht heimgesucht wird. Barks **Uncle Scrooge McDuck** (Onkel Dagobert Duck) geht auf diese Figur (und ihren Namen) zurück, wie die Einführung Onkel Dagoberts 1947 in seiner ersten Geschichte leicht erkennen lässt. In **Die Mutprobe** (*Christmas on Bear Mountain*, BL-DD 8/1) taucht Onkel Dagobert als ein alter Misanthrop auf, der Weihnachten und alle Menschen hasst. 1960 hat Barks dann ein echte Parodie auf die Erzählung von Dickens in Vorzeich-

die Quellen
inspiration

nungen für **Eine Weihnachtsüberraschung** (*Donald Duck and the Christmas Carol*) geliefert.

Der Rabe

The Raven (Der Rabe) ist der Titel eines hervorragenden Gedichtes, das Edgar Allen Poe im Jahre 1845 verfasste. Es erzählt von einem Mann, der seit dem Tod seiner geliebten Frau Leonore schwermütig und einsam in seinem Haus sitzt. An einer Stelle des Gedichtes hört der Mann ein Kratzen an der Tür und bildet sich in seiner Verzweiflung ein, Leonore würde zu ihm zurückkehren. Doch statt dessen kommt ein großer Rabe herein. Er lässt sich auf einer Büste von Pallas Athene nieder und antwortet auf die tieftraurigen Reime des Mannes immer nur mit einem Wort: „Nimmermehr" („Nevermore"). In **Der Rabe Nimmermehr** (*Raven Mad*, BL-WDC 46/1) von 1962 füttern die drei Neffen einen Raben und fordern ihn zum Sprechen auf. Und wie in Poes Gedicht sagt er immer nur „Nimmermehr". Später wird der Rabe von Gundel Gaukeley hypnotisiert, um Onkel Dagoberts kostbaren Glückszehner zu stehlen.

Cibola

Im 16. Jahrhundert suchten die spanischen Conquistadores unter Francisco Vasquez de Coronado nach den sieben mit Gold gepflasterten Städten von Cibola. Dank Barks wurde Cibola tatsächlich gefunden, aber von den Ducks im Jahre 1954 in **Die sieben Städte von Cibola** (*The Seven Cities of Cibola*, BL-OD 7/1). Schade

DETAILSUCHE

nur, dass die Panzerknacker am Ende der Geschichte alles zerstören.
Am Anfang der Geschichte suchen Donald und die Neffen in der Wüste von Arizona nach einer alten indianischen Lanzenspitze. Dabei entdecken sie zufällig eine antike Straße, die wirklich existiert hat, und zwar als Handelsweg der Indianer von Kalifornien nach Arizona.

El Dorado

Oder der **vergoldete Mann** wird der **Zipa**, der große Priester des antiken südamerikanischen Volkes der Chibcha, genannt. Er war der Protagonist einer einzigartigen Zeremonie. Völlig nackt wurde er mit einem speziellen Harz beschmiert und dann mittels eines Blasrohrs mit **Goldstaub** gepudert. So, über und über mit Gold bedeckt, begab sich der Zipa zum Mittelpunkt des heiligen Guatavita-Sees und tauchte dort bis zum Grund des Bodens, während seine Untertanen Votivgaben in den See war-

fen, die ebenfalls aus Gold waren. In *Jagd nach der roten Magenta* (*The Gilded Man*, BL-DD 20/2) treffen Donald und die Neffen 1952 in Carambia bei der Suche nach der seltenen Briefmarke „Rote Magenta" auf den gigantischen **El Dorado** (der so unvergessliche Sprüche aufsagt wie: „Jakeruni! Cackeruni! Macheruni!").

Das Phantom der Oper

Das Phantom der Oper heißt der berühmte Roman, den der Franzose Gaston Leroux 1910 geschrieben hat. In den Räumen der Pariser Oper treibt eine mysteriöse **maskierte Gestalt** ihr Unwesen.
In *Das Münstermännchen* (*The Phantom of Nôtre Duck*, US 60/1) hat Barks 1965 das „Phantom" nach Entenhausen gebracht und lässt es im **Entenhausener Münster** (die Parodie auf Nôtre-Dame ist augenscheinlich) agieren. Die gotisch anmutende Ausstattung der Geschichte spricht dafür, dass Barks sich teilweise auch durch *Nôtre-Dame de Paris* (1831) von Victor Hugo, sowie den Film *The Phantom of the Opera* von Rupert Julian (1925) hat anregen lassen. In der Geschichte lässt Barks das „Phantom" (welches nicht zufällig eine Art Doppelgänger Dagoberts ist) auf seiner Flöte das traditionelle schottische Lied *My Bonnie Lies Over the Ocean*

spielen, was in der deutschen Fassung zu *Gold und Silber lieb ich sehr, kann´s auch gut gebrauchen* wird.

Fabeln, Kinderreime und Liedchen

Barks hat viele Themen aus der Welt der Fabeln, der Nursery Rhymes (populäre Kinderreime) und der traditionellen Kinderlieder entliehen. So ist **Ein Bärenspaß** (*The Goldilocks Gambit*, BL-WDC 16/4) aus dem Jahr 1949 eine Art Parodie auf die Fabel *The Three Bears*, in der das Mädchen Goldilock sich in das Haus einer Familie schwerfälliger Menschen begibt, in deren Abwesenheit die mit Porridge gefüllten Schüsseln leert und in ihren Betten einschläft. Bei **Die Insel der goldenen Gänse** (*Isle of Golden Geese*, BL-OD 26/1) hat Barks 1963 eifrig aus der Fabel *The Goose That Laid Golden Eggs* (*Die Gans,*

die goldene Eier legte) geschöpft. Fanny Featherbrain, das Gänsemädchen, heißt hier Gisi die letzte der Gösselsteins (Bild links), gerät aber wie ihre fabelhafte Vorgängerin samt der Gänseherde in Schwierigkeiten. 1964, in **Der geizige Verschwender** (*The Thrifty Spendthrift*, US 47/1) wird Onkel Dagobert Opfer eines Hypnoseversuchs, der eigentlich dem Hund der Frau Kommerzienrat Komarek gelten sollte. Er schenkt dem Hund, gemäß eines alten englischen Weihnachtsliedes „Zwölf trommelnde Trommler, elf pfeifende Pfeifer, zehn frohlockende Herren, neun tanzende Damen, acht melkende Maiden ..."

Der Rattenfänger von Hameln ist die Grundlage für **Der Rattenfänger von Entenhausen** (*The Pied Piper of Dukkburg*, BL-DÜ 2/10 - siehe oben das signifikante Bild). Ein Mann befreit Hameln mit einer magischen Flöte von der Rattenplage. Aber da man ihm den Lohn vorenthält, nimmt er auch die Kinder mit. Carl Barks begann die Geschichte, doch beendet wurde sie von seinem Epigonen Don Rosa (1990). Daniel Düsentrieb erfindet einen Käse, der so stark riecht, dass er die Ratten damit nicht nur aus Onkel Dagoberts Speicher locken kann. (*Der Rattenfänger von Entenhausen* ist in diesem Buch ab Seite 263 zu lesen.)

DETAILSUCHE

Lawrence of Arabia

Lawrence of Arabia war der Spitzname von Thomas Edward Lawrence (1888 - 1935), Soldat und Abenteurer aus Wales, der während des 1. Weltkrieges als Geheimagent des britischen Militärs in Kairo an den Verhandlungen um einen arabischen Aufstand teilnahm. Dieser Aufstand, zu dessen Anführer Lawrence bald wurde, richtete sich gegen das osmanische Reich, das sich mit den österreich-ungarischen Streitkräften zusammengetan hatte. Lawrence schrieb 1962 in seinem Roman *Die sieben Säulen der Weisheit* darüber. 1962 wurde das Buch unter dem Titel ***Lawrence of Arabia*** mit Peter O'Toole in der Hauptrolle verfilmt. Für seine Version der Geschichte in ***Die Goldgrube der Königin von Saba*** (*McDuck of Arabia*, US 55/1) hat Barks 1965 zwar den Titel des Films übernommen, aber anders als im Film kann Dagobert mit Hilfe der Fähnlein 606 von der zweiten Brigade des Wüsten-Pfadfindercorps die Räuber des Hassan al Raid schlagen und der Geschichte zu einem fröhlichen Ende verhelfen.

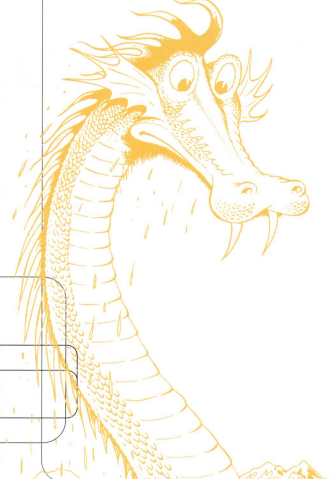

Loch Ness

In jenem tiefen See, der zwischen den Hügeln der schottischen Grafschaft Inverness liegt, haust ein gigantisches Monster, von dem die Legende sagt, dass San Colombano einen seiner Schüler davor bewahrt hat, von der schrecklichen Kreatur verspeist zu werden. Doch das Monster tauchte 1934 wieder auf, als ein gewisser Wilson ein Foto von einer düsteren Form machte, die an die Wasseroberfläche aufgestiegen war. Und sofort begann die Suche nach dem unsterblichen „Nessi". In ***Wunder der Tiefe*** (*Mystery of the Loch*, BL-WDC 40/3), dringt Donald 1960 mit seinem Fotoapparat bis in die Tiefen eines schottischen Sees (von Barks „Loch Less" getauft) vor. Bereits im Jahre 1946 hatte Barks die Legende von Nessie für ***Terror auf dem Strom*** (*The Terror of the River*, BL-DD 4/1) verwendet. Allerdings entpuppte sich in dieser Geschichte die Seeschlange (links auf der Seite in Gelb zu sehen) als Maschine.

Die Mumie

The Mummy ist der Titel eines klassischen **Horrorfilms** aus dem Jahr 1932, bei dem Karl Freund die Regie führte und Boris Karloff die Hauptrolle spielte. Die Mumie des Im-Ho-Tep, eines vor 3.700 Jahren verstorbenen ägyptischen Priesters, sucht eine archäologische Expedition heim.
Von diesem Film wurde Barks 1943 zu seiner ersten ausführlichen Geschichte angeregt: ***Der Schlangenring*** (*The Mummy's Ring*, BL-DD 2/1). Das Abenteuer spielt in Ägypten und zeigt Donald und die Neffen erst in Kairo, dann auf der Fahrt über den Nil, vorbei an archäologischen Stätten wie der Pyramide von Meydum und den Kolossen von Memnon, um schließlich am Tempel der Hatschepsut vor Anker zu gehen. Alle Zeichnungen von Barks sind maßgeblich durch Fotos (von B. Anthony Steward) und Illustrationen (von H.M. Herget) beeinflusst, die 1940-41 im *National Geographic* erschienen sind.

Der Stein der Weisen

So wird ein Stein genannt, der das Prinzip der **alchemistischen** Lehren verkörpert und von dem man glaubte, er könne Blei in Gold verwandeln. Dazu wurde in einer langwierigen Prozedur erst einmal die Prima Materia hergestellt, die dann mit Schwefel und Quecksilber und dem mysteriösen **Heiligen Feuer** vermischt wurde. Eingeschlossen im Ei der Weisen wurde diese Mixtur viele Male erhitzt und durchlief viele Transformationen, bis sie in ihrer eigentlichen Form vorlag.
In der Geschichte ***Der Stein der Weisen*** (*The Fabulous Philospher's Stone*, BL-OD 8/3) von 1955, machen sich Onkel Dagobert und die Neffen auf die Suche nach dem magischen Stein. Sie finden ihn auf Kreta im Geheimsaal des Minotaurus (oben, der legendäre Minotaurus). Dagobert Duck tut alles, um den Stein zu behalten, doch dabei riskiert er, selbst in eine goldene Statue verwandelt zu werden.

Rip Van Winkle

Er ist der Protagonist einer Erzählung in *The Sketchbook* (1820) des amerikanischen Schriftstellers Washington Irving. Als Amerikaner holländischer Herkunft, lebt Rip mit seiner launischen Frau und der Tochter in einer kleinen Stadt am Hudson River. Eines Tages begegnet er einem Mann und fällt, nachdem er ein magisches Gebräu getrunken hat, in einen Tiefschlaf, aus dem er 20 Jahre später wieder erwacht. Als er ins Dorf zurückkehrt, wird er von seiner Tochter, die nun selbst eine Familie hat, aufgenommen und beginnt ein neues Leben. Donald wird 1950 selbst zu einer Art Rip Van Winkle. Während er schläft, kleben ihm die Neffen in **Ein toller Schwindel** (*Donald Van Winkle*, BL-WDC 17/1) einen falschen weißen Bart an und lassen ihn glauben, er hätte 24 Jahre lang geschlafen. Donald ist davon überzeugt, dass er sich im Jahre 1990 befindet, als ihn der Äther bizarre Dinge und Personen (wie unten in dem Bild) sehen lässt. Diese Geschichte gilt als die "psychedelischste" aller Barks-Geschichten.

Shangri-La

Irgendwo in den Bergen Tibets soll sich diese legendäre Stadt in einem grünen Tal verbergen. In ihr spielt der größte Teil des Romans *Lost Horizon* (1933, *Der verlo-*

rene Horizont) des englischen Schriftstellers James Hilton. In Shangri-La sollen auch einige Amerikaner zufällig angekommen sein, sowie der englische Konsul Hugh Conway. Dem weisen Padre Perrault zufolge, gibt es in Shangri-La eine ideale Gesellschaft, deren Mitglieder sich des Friedens und der Langlebigkeit erfreuen. In **Der verhängnisvolle Kronenkork** (*Tralla-La*, BL-OD 6/2) versucht Onkel Dagobert 1954, seine (zeitweilige) Abneigung gegen Taler (die ihn in eine schwere Krise stürzt, wie auf dem Bild oben zu sehen ist) zu kurieren. So begibt er sich mit seinen Neffen ins unberührte *Tralla La*, das sich im Himalaya verbirgt und in dem mythische Enten leben. Zwanzig Jahre darauf lässt Barks Onkel Dagobert in der Geschichte **Langsam rinnt der Sand der**

Zeit (*Go Slowly, Sands of Time*, OD 2/49) auf der Suche nach der ewigen Jugend nach Khunza gelangen, einem anderen Tal, das ebenfalls durch Shangri-La inspiriert wurde. Von diesem Abenteuer existiert eine Comicversion, die 1984 von Victor Arriagada Rios (alias „Vicar") für Egmont gezeichnet wurde.

Superhelden

Der erste und stärkste Superheld ist immer noch **Superman**, von Jerry Siegel und Joe Shuster kreiert, zum ersten Mal in der ersten Ausgabe der *Action Comics* im Juni 1939 aufgetreten. Vermutlich haben Superman und die darauf folgende Welle des Superhelden-Genres Barks 1949 zu der Parodie *Der Supermensch* (*Super Snooper*, BL-WDC 16/1) angeregt. Am Anfang der Geschichte tadelt Donald seine Neffen, weil sie einen Supermensch-Comic lesen. Doch dann schluckt er versehentlich eine Flüssigkeit, die ihm vorübergehend unglaubliche Kräfte und die Fähigkeit verleiht, sich mit Überschallgeschwindigkeit zu bewegen und sogar zu fliegen.

Das Goldene Vlies

Nach einem antiken griechischen Mythos führte **Jason** die **Argonauten** mit seinem Schiff (der Argo) nach Kolchis, um das Vlies zu erobern. Nachdem er mit Medeas Hilfe etliche Probleme überwunden und einen Drachen besiegt hatte, kehrte Jason mit dem Vlies in seine Heimat zurück und stürzte den Ursopator. Ein paar Jahrhunderte darauf, etwa 1955, startete Barks das Unternehmen noch einmal, jedoch mit den Ducks. In ***Das goldene Vlies*** (*The Golden Fleecing*, BL-OD 9/3) werden Dagobert und Donald von den Harpien an Bord der Argo nach Kolchis gelockt, denn Onkel Dagobert soll den Schiedsrichter in ihrem Pastinakenpudding-Wettbewerb spielen. Mit Hilfe der Neffen gelingt es Dagobert, sich von den Harpien und dem Drachen, der das Vlies bewacht, zu befreien. Aus dem Vlies lässt sich Dagobert einen glänzenden (aber kalten) Überrock machen. (Unten: Aus dieser Zeichnung stammt der Bildauszug zu Beginn des Artikels.)

Alberto Becattini

DETAILSUCHE

Ein Gedicht von Coleridge hatte es dem Vater der Ducks besonders angetan. Daher verarbeitete er es in einer etwas bizarren Geschichte, die auf den folgenden Seiten in der deutschen und in der Originalversion zu bewundern ist.

Von den romantischen Poeten Englands war Samuel Coleridge (1772-1834) zweifelsohne der visionärste und evokativste. Aus keinem anderen Grund haben seine imaginären Kreationen stets Bildhauer, Illustratoren, Musiker, Filmemacher und - gleich bei zwei Gelegenheiten - auch Comicautoren inspiriert.

Poetische Inspiration

Im Jahr 1965 zieht der berühmte Comic-Magier *Mandrake* in eine hypertechnische Festung um, die den Namen der imaginären Stadt trug, die Coleridge in *Kubla Khan* entworfen hatte: *Xanadu*.
Am 5. Januar 1966 schlägt Barks Western eine zehnseitige Geschichte mit dem Titel **Der Fluch des Albatros** (*The Not-So-Ancient-Mariner*, BL-WDC 51/4) vor, die im September desselben Jahres in der Nummer 312 des Monatsmagazins *Walt Disney's Comics & Stories* erscheint.

Der Glücksbringer

Wie am Titel ersichtlich, hatte sich Barks an Coleridges Ballade *The Rime of the Ancient Mariner* herangewagt, die der britische Romantiker im Jahr 1798 veröffentlicht hatte.
In der Ballade überredet ein alter Seemann

Teil einer Illustration von Gustav Doré für eine Ausgabe von *The Rime of the Ancient Mariner* (1875)

Der Fluch des Albatros

Links: Eine Zeichnung aus der Geschichte von Barks, die in *WDC*, Nummer 312, im September 1966 erschien. Die Dame mit der kunstvollen Perücke ist übrigens Daisy Duck.

einen jungen Mann, ihn auf eine Hochzeit einzuladen und erzählt ihm dann seine tragische Geschichte.

In seiner Jugend hatte der Seemann auf einem Schiff angeheuert, das in die Tropische See fahren sollte. Aber es wurde von einem Sturm zum Südpol abgetrieben und konnte, festgehalten vom Eis, seine Fahrt Richtung Norden erst wieder aufnehmen, als ein Albatros erschien. Die Mannschaft hielt den Vogel daher für einen Glücksbringer. Dann aber schoss der Seemann einen Pfeil ab und tötete den Albatros. Von diesem Moment an verwandelte sich die Reise in einen Albtraum. Vor den Augen des Seemanns starben die Kameraden. Er selbst wurde erst gerettet, nachdem er seine Tat bereute.

Etwas seltsam

Die Ballade kann als ökologisch poetisches Werk ante litteram bezeichnet werden. Der Seemann beging ein Verbrechen gegen die Natur, als er den Albatros tötete, und daher (aus der pantheistischen Sicht des Poeten) auch gegen Gott. Die Geschichte von Barks bedient sich keiner so tief gehenden Symbolik. Ihre Anleihe an die Ballade beschränkt sich darauf, dass sich Donald mit Macht zwei Verse daraus einprägt, die den Schlüsselmoment der Ballade darstellen: „With my crossbow I shot the albatross" („Mit meiner Armbrust erschoss ich den Albatros"), und dass er tatsächlich einen Albatros k.o. schießt. Von den poetischen Anleihen abgesehen, ist noch bemerkenswert, dass in der Geschichte Daisys Tante Melitta auftaucht, Daisy eine Vorliebe für prächtige Perücken hat und Gustav Gans Kinnbart und Fransenfrisur trägt. Diese kleinen Seltsamkeiten, die sich Barks erlaubte, hatten vielleicht damit zu tun, dass dies seine letzte Geschichte für *Walt Disney's Comics & Stories* war. Auf den folgenden Seiten ist sie zu lesen.

Alberto Becattini

DAS INTERVIEW

Dies ist das letzte Interview, das Carl Barks gegeben hat. Es fand im Frühjahr 1998 zwischen den ruhigen Mauern seines Hauses in Grants Pass, Oregon, statt. Der Künstler erzählt darin mit viel Ironie von sich und seiner Arbeit, wobei er ein enorm gutes Gedächtnis beweist.

Auf Du mit dem Vater

April 1998. An Bord des Flugzeugs, das mich nach Oregon bringt, geht mir ungeheuer viel durch den Kopf. Die Freude, die ich bei der Vorstellung empfinde, dass ich bald **Carl Barks** begegnen werde, ist von einer Sorge überschattet: Werde ich genug Zeit haben, um dem **Vater der Ducks** all die Fragen zu stellen, von denen ich mir immer gewünscht habe, sie ihm eines Tages einmal persönlich stellen zu können?

Nun soll der Wunsch wahr werden. Doch mit dem Schrumpfen der Entfernung, die mich von der Begegnung mit Barks trennt, wächst auch die Nervosität und das Gefühl, nicht genügend vorbereitet zu sein. Es ist ein Wechselbad aus Freude und Furcht.

In Oregon angekommen, werde ich von Jerry Tank, einem persönlichen Freund von Carl Barks, empfangen. Ich hatte Jerry nur per E-Mail kennen gelernt, als ich mit ihm den Termin für das Treffen vereinbarte. Mich erstaunt seine langsame und nachdenkliche Art zu sprechen, voller Pausen und mit besonderen Betonungen. Später stelle ich fest, dass der Mann aus Oregon, Carl Barks, genauso bedächtig spricht,

Oben: Zwei farbige Entwürfe von Carl Barks, die er als „Scrap" oder „Kritzeleien für den Papierkorb" bezeichnete. Unglaublich, dass er diese Entwürfe wegwerfen wollte.
Links: Eine Bleistiftskizze, für Barks ebenfalls ein „Scrap".

und Du der Ducks

nur in einer tieferen Stimmlage.
Jerry überbringt mir Carls Entschuldigung. Eigentlich wollte er mich ja vom Flughafen abholen, aber dann war er doch zu müde dazu (was ich ihm glaube, denn er hatte einen Monat zuvor sein 97. Lebensjahr vollendet!). Tank begleitet mich ins Hotel, damit ich mich von der Zeitverschiebung erholen kann. Immerhin ist es hier drei Uhr nachmittags, während meine Kollegen in Mailand immer noch in ihren Betten liegen.
Als ich gerade meine Koffer auspacke, erhalte ich einen Telefonanruf. Nein, es ist nicht mein Chef, der meine Reise nach Übersee überwachen will. Meine Gesprächspartnerin ist **Helen**, eine Pflegerin von Barks, die mir ankündigt, dass Barks mich, Jerry Tank und dessen Frau zum Abendessen einladen möchte, um vor dem Interview noch ein wenig unter Freunden plaudern zu können.
Die bleierne Müdigkeit, die der Zeitzonenwechsel verursacht hatte, ist wie weggeblasen. Eine Einladung zum Abendessen von Barks! Und um welche Uhrzeit? Um fünf Uhr, antwortet Helen. In Italien trifft man sich zu dieser Zeit in einem Café, aber ich war hier in Amerika, um genauer zu sein, in Oregon. Dort isst man früh, geht früh schlafen und steht früh auf.

Ich stehe also Punkt fünf Uhr in einem blauen Kleid in der Halle meines Hotels. Und schon kommen Tank und Carl Barks, begleitet von Helen. Die Herren tragen Anzüge, Carl eine blaugraue Kombination, die ihn wie

DAS INTERVIEW

einen englischen Lord aussehen lässt. Das Einzige, was diesen Eindruck stört, ist die schmale Krawatte, die durch einen großen, verzierten Knopf zusammengehalten wird, den man Bowl nennt.
Barks sieht sehr gut aus: groß, aufrecht und lächelnd, als wäre er dreißig Jahre jünger. Er freut sich sehr auf die Unterhaltung und auf sein Lieblingsrestaurant, das direkt an einem reißenden Fluss liegt, auf dem die Rafting-Fans in Schlauchbooten durch das Wildwasser jagen.

„Haben Sie auch mal Wildwasserfahrten auf dem Fluss, der an ihrem Haus vorbeifließt, unternommen …?
„Niemals. Mein bevorzugter Zeitvertreib zur Entspannung ist, mir die Enten in einem nahe gelegenen See anzusehen."
In diesem Land der großen Entfernungen bedeutet nahe gelegen, dass man einige Kilometer im Auto zurücklegen muss. Jedenfalls scheint es mir wenig wahrscheinlich, dass dieser reißende Fluss tatsächlich hier in der Nähe in einen ruhigen See münden soll.
Gegen sieben Uhr abends bin ich wieder in meinem Hotel. Ich habe immer noch Millionen Fragen an den großen Meister, darü-

„Um eine gute Geschichte zu machen, benötigt man Substanz. Ein paar Kopfnüsse oder Stürze reichen da nicht."

Von links: Jerry Tank, ein guter Freund von Barks, Carl Barks und Frau Tank.
Oben: Eine Skizze von Gundel Gaukeley.

ber, wie es war, für Disney zu arbeiten, über meine Lieblingsgeschichten, meine Lieblingsfiguren … ein Glück, dass das Interview erst noch stattfinden wird.

Am nächsten Tag bin ich pünktlich in Barks' Haus. Es ist Ende April und das sonnige Oregon schenkt uns einen seiner frühlingshaften Tage – kalt und klar.
Barks' Haus ist eine große Villa mit vielen Fenstern. Sie liegt in der Biegung einer ruhigen Straße.
Kurz darauf vertraut mir Barks an, dass ihm das Haus nicht gefällt, weil es viel zu auffällig und zu abgeschieden ist, aber seine Frau Garé war anderer Meinung und daher hatte er es schließlich doch gekauft. Im Inneren ist das Haus weitläufig und hat viele türlose Zimmer. Das Auge kann ungehindert durch die einzelnen Räume schweifen. Und überall ist es sehr ordentlich.
Als ich den Salon betrete, fällt mir sofort eine hohe Vitrine auf, in der die Preise und Anerkennungen aufbewahrt werden, die Barks erhalten hat, sowie Andenken jeglicher Art.

War Barks gestern wie ein Lord aufgetreten, so scheint er hier in seinem Haus ganz der Amerikaner zu sein: haselnussbraune Hose, gestreiftes Hemd und knallbuntes Überhemd. Alles in allem recht extravagant.
Barks erklärt mir dazu, dass er vor einigen

Jahren – wann genau, weiß er nicht mehr – feststellte, dass die langen Hemden, die seine Frau Garé immer trug, äußerst bequem waren. Daher begann er, sie selbst zu tragen. Allerdings ließ er zunächst eines nach dem anderen kürzen, weil er meinte, dass er schlecht bis ans Ende seines Lebens wie Dagobert Duck in langen Überröcken herumlaufen könne.
Ich fühle mich sofort wie zu Hause.

„Mister Barks, darf ich Ihnen ein paar Fragen stellen?"
„Bitte, nennen Sie mich nicht Mister Barks. Den „Mister" lassen Sie Ihrem Präsidenten. Wir sagen auch nur zu Clinton (der zu dieser Zeit Präsident der Vereinigten Staaten war, A.d.R.) Mister. Wenn Sie mir einen Gefallen tun wollen, nennen Sie mich einfach Carl."

„Gut, Carl (es ist ein überwältigendes Gefühl, die lebende Legende der Comicwelt beim Vornamen nennen zu dürfen), wie gestalten Sie Ihren Tagesablauf?"
„Ganz einfach. Ich stehe früh auf und frühstücke. Danach lese ich die Zeitung. Dann setze ich mich in meinen Sessel und löse Kreuzworträtsel oder schaue Fernsehen. Später kommt dann ein Freund vorbei, um hallo zu sagen und Hamburger mit mir zu essen."

„Sie mögen Hamburger?"
„Sicher. Mein Arzt erlaubt sie mir auch, weil sie mir gut bekommen. Probleme habe ich nur mit dem Sehen, weshalb ich nicht mehr zeichnen oder malen kann. Wenn mich dann also irgendwann das Flimmern des Fernsehapparats zu sehr stört, schalte ich ihn ab und **telefoniere**. Ja, ich telefoniere."

Es ist kein Geheimnis, dass der Künstler ein Hörgerät trägt, denn es sorgte in seinen Selbstkarikaturen immer wieder für einen Gag. Telefonieren konnte er damit jedoch nicht. Doch dann, erklärt Barks, hat ein gewisser Daniel Düsentrieb ein hoch entwickeltes und leistungsstarkes Telefon erfunden. Mit diesem Gerät kann er nun endlich auch telefonieren. Und da er jahrelang darauf verzichten musste, macht es ihm umso mehr Spaß.

„Und am Rest des Tages?"
„Ich halte ein Nickerchen, esse und mache einen kleinen Spaziergang in Begleitung

Der Vater der Ducks vor seinem Haus in Grants Pass in Oregon. Grants Pass ist eine sehr ruhige, ländliche Kleinstadt.

DAS INTERVIEW

einer meiner drei Gesellschafterinnen. Sie arbeiten im Schichtdienst. Tag und Nacht, damit ich nicht allein bin. Später beantworte ich die Briefe und Faxe, die mir geschickt wurden."

„Und als Sie noch gezeichnet haben?"

„Da war es nicht viel anders. Morgens machte ich mir Gedanken über Skizzen und witzige Szenen, die ich dann nachmittags umsetzte. Nach meiner Definition bin ich ein Nachmittags-Mensch, ich kann am Nachmittag am meisten geben. Und das gefiel meiner Frau gar nicht. Sie war eher ein Nachtmensch und konnte bis ein oder zwei Uhr nachts wach bleiben, während ich

Barks lächelt und hält die Ausgabe von *I Maestri Disney*, die Luciano Bottaro ihm gewidmet hat, in Händen.

abends um neun fix und fertig war und am liebsten schlafen gegangen wäre."

„Aber das war die Frau, mit der Sie vor Garé verheiratet waren."
„Ja. Mit Garé konnte ich sehr gut zusammenarbeiten. Sie war eine gute Kritikerin und sah meine Geschichten durch. Um eine gute Geschichte zu machen, benötigt man Substanz. Ein paar Kopfnüsse oder Stürze reichen da nicht. Einmal hatten wir eine heftige Diskussion, weil ich etwas ändern sollte, was ich nicht ändern wollte. Denn wenn ich eine Geschichte begann, dauerte es manchmal zwei bis drei Tage, bevor ich wusste, wie sie enden würde. Und wenn ich das Ende nicht kannte, wie sollte ich es dann ändern?"

„Und wer hat gewonnen? Sie oder Garé?"
„Sie, wie üblich. Sie war eine Künstlerin und ich vertraute ihr. Außerdem hat sie mir immer dabei geholfen, das Talermeer vom alten Duck zu zeichnen."

„Genau, und Sie haben Ihrer Frau gesagt, dass sie jeden einzelnen Taler zeichnen muss, ohne auch nur einen zu vergessen, sonst hätte das Dagobert sofort gemerkt und sich ..."
„... ärmer gefühlt, wie ich ihn kenne!"

„Sie haben das 20. Jahrhundert erlebt. Gibt es etwas, das Sie ändern würden?"
„Die Art zu reisen und sich von einem Ort zum anderen zu begeben. Zuerst gab es nur die Eisenbahn und die Reisen dauerten zwei bis drei Tage. Da hatte man genug Zeit, um Freundschaften zu schließen. Dann, im Jahr 1940, fing man an zu fliegen, und heute bringt dich ein Flugzeug innerhalb weniger Stunden von der einen Seite der Küste zur anderen. Das Zugfahren damals war eine viel sozialere Art des Reisens."

„Sie haben die Ducks tatsächlich oft mit dem Zug reisen lassen. Aber sie haben auch noch Reisen mit ganz anderen Transportmitteln, wie Raketen und Raumschiffen, unternommen ..."
„Und das war gar nicht so einfach, denn die Geschichten mussten gut erzählt sein, damit sie gefielen und der Leser sich darin zurechtfinden konnte. Aber ich nahm mir den *National Geographic* zur Hilfe und meine Weltkarten. Dann errechnete ich, wie viel Zeit die Ducks brauchen würden, um dorthin zu gelangen. Außerdem versuchte ich stets, allem den Anschein von Wirklichkeit zu geben.

> **„Der *National Geographic* ist meine Informationsquelle über die Vergangenheit, die Völker und die Geografie"**

Links: Ein Beispiel für das „Meer der Taler". Barks Frau Garé hat ihrem Mann bei solchen Zeichnungen geholfen. Und es scheint tatsächlich kein einziges Talerchen zu fehlen.

Das Interview

Zum Beispiel, wenn sich die Ducks auf eine Insel im Südpazifik begaben, taufte ich die Insel mit einem Namen, der so klang, als wäre sie wirklich in einem Atlas verzeichnet. Dann studierte ich Bilder der tropischen Vegetation, der Berge, der Buchten und allem anderen, so dass der Leser den Eindruck hatte, die Ducks würden sich an einem Ort befinden, den es tatsächlich gab. Zugegeben, ich habe mich gelegentlich aus der *Encyclopaedia Britannica* bedient."

„Ich wollte, dass sich die Ducks an realen Orten bewegen, um zu vermeiden, dass es dümmlich wirkt."

„Sie haben die Ducks Reisen in Länder unternehmen lassen, die so real aussehen, dass der Leser glauben könnte, Sie wären selbst dort gewesen. Waren Sie denn auch dort?"

„Ach was! Ich war mal in Tichuana in Mexiko und in Victoria in British Columbia. Und das war's auch schon. Gut, da war 1994 noch die Reise nach Europa, während der ich unter anderem in Italien war, aber die Geschichte habe ich noch nicht geschrieben."

„Sie sind einer der wenigen Männer, nach denen ein Planet benannt wurde."

„Ein Asteroid. In einer meiner Geschichten sucht Onkel Dagobert einen Asteroiden, auf dem er sein Geld verstecken kann. Ein Wissenschaftler der Cornell Universität hat die Geschichte gelesen und einen Asteroiden auf meinen Namen getauft: 2730 Barks. Er hat mir geschrieben, dass seine Oberfläche etwa 100 Hektar umfasst."

„Haben Sie Walt Disney kennen gelernt?"

„Ich habe ihn jeweils bei einer Sitzung pro Geschichte getroffen. Er kam immer einmal während der Produktion zu einer der letzten Sitzungen."

„Hat er auch mal ein Lob ausgesprochen?"

„Ja. Wenn die Geschichte gut war, konnte er nett und großherzig sein, er lachte und schlug weitere Gags vor. Aber war die Geschichte schlecht, dann war er kritisch und streng."

„Hatte er denn Ahnung davon?"

„Walt wusste genau, ob ein Gag funktionierte oder nicht. Und er benannte genau die Stellen, die gekürzt oder ausgeweitet werden mussten."

„Was war für ihn wichtiger, die Zeichnung oder der Gag?"

„Er achtete nicht auf die Zeichnungen, die waren ja nur nötig, um die Geschichte

Oben: Das Titelbild der Geschichte *The Magic Hourglass*. Barks verwendete Bilder und Notizen aus seinem Privatarchiv und dem *National Geographic*.

„1935 zeichnete ich bei Disney zum ersten Mal Donald. Ich war gute zehn Jahre älter als die anderen."

Links: Walt Disney, den Barks persönlich kannte. **Unten:** Der Meister hinter seiner Staffelei.

zu transportieren. Trotzdem, wenn unsere Zeichnungen gelungen waren, war er zufrieden. Doch zweifellos interessierte ihn mehr die Idee."

Und nun ist der Moment gekommen, um Fotos vom Meister zu machen. Jim Mitchell, der inzwischen gekommen ist und seine Fotoausrüstung aufgebaut hat, schaltet das Licht an.
Doch die Deckenlampe im Studio flackert und erlischt. Barks ist weder erstaunt noch erschreckt, sondern rennt (buchstäblich!) los, um eine Ersatzbirne zu holen. Während er fort ist, sehe ich mich in seinem Studio um. Es ist ein großer Raum, an dessen Wänden die kostbaren Ölbilder hängen, die er gemalt hat.

Und dann ist da die Staffelei, jenes mythische Arbeitsinstrument, auf dem der Vater der Ducks Jahrzehnte Ölbilder gemalt hat. Um die Staffelei zu stabilisieren, hat er an der Rückseite Schrauben, Bolzen und Klemmen in einer schier unendlichen Abfolge angebracht und das Ganze an der Decke befestigt. Er sagt mir später, dass das nötig geworden war, um das Zittern in seinen Händen auszugleichen. Mit dem Alter sind seine Bewegungen leider immer unsicherer geworden, und je stärker das Zittern in den Händen wurde, desto mehr Klemmen waren nötig, um die Staffelei ausreichend zu stabilisieren.

Und hier ein anderes Panorama von Barks. Sogar in einem eher „ruhigen" Bild konnte es sich der Zeichner nicht verkneifen, einen Gag einzubauen.

DAS INTERVIEW

„Walt wusste genau, ob ein Gag funktionierte oder nicht. Und er benannte genau die Stellen, die gekürzt oder ausgeweitet werden mussten."

Barks kehrt triumphierend mit einer neuen Lampe zurück und ich frage ihn, was es mit den Skizzen auf sich hat, die ich in einem Kistchen gefunden habe.
„Was steht denn da darauf?", fragt er mich.
„Scrap", was so viel bedeutet wie Kritzelei.
„Ach, die sind zum Wegwerfen," antwortet Barks, während er unter Beobachtung von Mitchell auf einem Stuhl steht und die Glühbirne austauscht.

„Wenn sie wirklich im Papierkorb landen sollen, kann ich dann nicht eine davon nach Italien mitnehmen?"
„Nehmen Sie sich, was Sie wollen", meint der Meister großzügig.

Er gibt sie mir dann alle mit, und in diesem Buch sind einige davon abgebildet. Es sind Skizzen und Zeichnungen, die Barks tatsächlich weggeworfen hätte. Sicher, die Spuren des Zitterns sind darauf deutlich zu erkennen, aber man darf auch nicht vergessen, in welchem Alter Barks sie gezeichnet hat.

Wir machen Fotos. Barks stellt sich an die Staffelei, als würde er gerade malen.
„Wann haben Sie mit der Malerei begonnen?"
„Das war gegen Ende der sechziger Jahre, nachdem ich mehr oder weniger 50 Jahre gezeichnet hatte. Ich malte kleine Landschaftsbilder, die ich auf Ausstellungen verkaufte. Aber ich verdiente nicht genug damit. Eines Tages, es war im Jahre 1971, fragte mich jemand, ob ich nicht ein Bild mit den Ducks nach einem alten Einband von 1949 malen könnte. Doch da die Figuren Disney gehörten, konnte ich sie nicht ohne deren Erlaubnis malen. Ich schrieb also an George Sherman, der zu dieser Zeit Chefredakteur war und der es mir erlaubte."

„Donalds Nachbar, dieser Mr. Jones, gab es den wirklich?"
„Nein, er ist eine Erfindung. Obwohl es ja überall solche Jones gibt, nicht wahr? Bei-

Oben:
Eine Skizze von Barks.
Rechts:
Das Disney-Hauptgebäude in Burbank.

spielsweise hatte sich einer meiner Nachbarn vor einiger Zeit so ein kolossales Wohnmobil gekauft. Er parkte es Tag und Nacht auf der Straße. Und vom ersten Tag an argwöhnte er, jemand könnte es stehlen. Er hat uns alle damit ganz nervös gemacht."

„*Und wie ging die Geschichte aus?*"
„Das Wohnmobil ist weg. Er hat es woanders hingestellt und meine Nerven sind wieder die alten", sagt Barks und lächelt zufrieden.

„*Sie haben Jahrzehnte lang die Ducks gezeichnet. Wurden die immer für gut befunden, oder wurden sie auch manchmal durch die Zensur beschnitten?*"
„Der Erste, der sie zensierte, war ich. Ich musste die Geschichte gestalten, ohne dabei zu brüskieren. Zum Bespiel wusste ich, dass ich keine harte Gewalt und keine schweren Straftaten darstellen durfte. Und wenn ich einmal eine Straftat zu zeichnen hatte, dann musste sie phantastisch und irreal sein, damit die Kinder sie nicht nachahmen konnten."

Am Ende des Interviews lacht Barks und fragt mich, ob er ein Foto von mir schießen dürfe. Er vertraut mir an, dass er das mit all seinen Gästen macht, damit er sich an „die Gesichter" erinnern kann.
Als ich mich von Barks verabschiede, sind die Nervosität und die Unsicherheit, die ich noch im Flugzeug empfunden hatte, schon längst zu einer Erinnerung verblasst. Ich verdanke es dem Vater der Ducks, dass sie sich verflüchtigt hatten, weil er mir das angenehme Gefühl gab, ein gern gesehener Gast in seinem Haus zu sein.
Der große Barks. Nicht nur bei seinen Comics ein profunder Kenner hoher Erwartungen und großer Ängste.
Zum Abschied schüttelt er mir die Hand und sagt „Quack!". Kein anderer Gruß wäre mir lieber gewesen.

**Lidia Cannatella
Fotos von Jim Mitchell**

GALERIE DER ERINNERUNGEN

Veröffentlichte und unveröffentlichte, ernste und heitere Fotos vom Vater der Ducks.

1934. Paddelt Carl Barks (33 Jahre) da etwa schon mit voller Kraft auf Disney zu?

1931. Künstlerische Pause, während der Ferien in Crater Lake, Oregon, nicht weit von seinem Haus entfernt.

1962. Barks im Studio seines Hauses. Auf dem Tisch liegt ein Album aus einer Reihe, an der er maßgeblich beteiligt war: *Uncle Scrooge*.

Ein Fotoalbum

1983. Dieses Foto wurde im Disney-Archiv in Burbank aufgenommen. Von links: Floyd Gottfredson, Carl Barks und David Smith, Direktor des Archivs. Sie betrachten eine Bronzestatuette von Steamboat Willie.

GALERIE DER ERINNERUNGEN

1992. Barks, schon längst in Rente, erfindet eine seiner letzten Storys: *Geschichte und Geschichten*, gezeichnet von William Van Horn nach einer Idee von Carl.

1994. Im Jahr der großen Europa-Tournee besucht Barks auc Italien. Hier schreibt er sein Autogramm auf die Krawatte des damaligen Chefredakteurs von *Topolino*, Gaudenzio Capel Links im Bild ist Paolo Cavaglione, der spätere Chefredakteur des Magazins, zu sehen.

1994. Barks als Tourist in Italien, am Comersee. Er steuert gerade das Motorboot, mit dem er eine lange Exkursion unternahm, die er (nach eigenen Worten) sehr genossen hat.

1998. Zwei der letzten Fotos, die vom Vater der Ducks während des Interviews gemacht wurden, das er in Grants Pass (Oregon) in seinem Haus gab.
Oben: Der große Meister zeigt lächelnd die erste Nummer des *I Maestri Disney*, die ihm von Carpi gewidmet wurde.
Links: Barks in Aktion an einem seiner Ölbilder.

DIE FIGUREN DES MEISTERS

Dank des kreativen Genies von Barks ist Entenhausen die Stadt mit den sympathischsten Einwohnern der uns bekannten Welt.
Aber glauben Sie, der Vater der Ducks wäre nur der "Papa" von Dagobert Duck? Nein. Barks kreierte viele weitere Figuren, die den Wandel der Moden überdauerten und die, lebendiger und aktueller denn je, über die Schwelle zum neuen Jahrtausend schritten.

Auf den folgenden Seiten befindet sich eine Darstellung der wichtigsten Figuren, die Barks erfunden hat. In Klammern sind die Originaltitel und die Veröffentlichung in der deutschsprachigen *Barks Library* oder (wenn dort noch nicht erschienen) die Originalveröffentlichung angegeben.

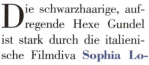

Die schwarzhaarige, aufregende Hexe Gundel ist stark durch die italienische Filmdiva **Sophia Loren** geprägt. Sie trat im Dezember 1961 in Onkel Dagoberts Leben, als sie in sein Büro kam und ihm einen Zehner für einen Taler abkaufen wollte. In Wahrheit hatte sie vor, einen bestimmten Zehner einzuschmelzen, um daraus ein magisches Amulett zu formen. Aus Versehen gab Onkel Dagobert ihr seinen Glückszehner, nämlich den ersten Zehner, den er verdient hatte und der für ihn ein kostbarer Talisman geworden war.
Das alles spielte sich in der Dagobert-Duck-Geschichte ***Der Midas-Effekt*** (*The Midas Touch*, BL-OD 22/3) ab und war der Einstieg in eine Reihe von Abenteuern, die zuweilen an eine wahre Hexenjagd erinnern, weil Gundel den Versuch nicht lassen kann, sich immer wieder des Zehners zu bemächtigen und dabei hemmungslos ihre magischen Kräfte und Zauberkünste einzusetzen.

muntere Völkchen des Carl Barks

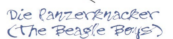

Die Panzerknacker
(The Beagle Boys)

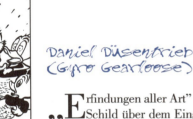

Daniel Düsentrieb
(Gyro Gearloose)

"Erfindungen aller Art" steht auf einem Schild über dem Eingang zu seinem Labor geschrieben, und tatsächlich, Düsentrieb ist ein universaler Erfinder. Schade nur, dass sich seine Erfindungen immer wieder als unbrauchbar und für die, die sie benutzen, sogar als gefährlich erweisen.
Daniel Düsentrieb debütierte in der Donald-Duck-Geschichte *Eine peinliche Enthüllung* (*Gladstone's Terrible Secret*, BL-WDC 21/1). Mit den Jahren änderte sich sein Aussehen etwas, doch er blieb das verrückte Genie.
Zu seinen denkwürdigsten Erfindungen gehören eine Glühbirne, die helle Räume dunkel macht, dressierte Würmer, die Fische fangen, eine Maschine, die die Zukunft voraussagen kann und eine Wunschgrube.
Seit *Katzenjammer* (*The Cat Box*, BL-DÜ 1/3) steht Daniel Düsentrieb das *Helferlein* (Helper) zur Seite, ein kleiner sympathischer Assistent, den er selbst erfunden hat und der eine Glühbirne anstelle eines Kopfes auf seinen metallenen Schultern trägt.

Die berühmteste Einbrecherbande der Comicwelt, deren einziges Ziel es ist, Onkel Dagobert bis auf den letzten Kreuzer auszurauben, erschien zum ersten Mal 1951 in *Donald Duck und sein reicher Onkel in Amerika* (*Terror Of The Beagle Boys*, BL-WDC 19/5). In der darauf folgenden Geschichte *Eingefrorenes Geld* (*The Big Binon Killmotor Hill*, BL-WDC 20/1) üben sie einen Anschlag auf den gerade erfundenen Geldspeicher Dagoberts aus und tragen dabei die berühmten Schilder mit den Gefängnisnummern. In *Der arme alte Mann* (*Only A Poor Old Man*, BL-OD 3/1) von 1952, steht schließlich der Firmenname "Panzerknacker" auf ihren Pullovern, womit sie kundtun, dass sie eine eigene AG gegründet haben.

Die Figuren des Meisters

Franz Gans (Gus Goose)

Auch wenn Al Taliaferro der Erste war, der ihn (im März 1939) in einem Comic gezeichnet hat, ist Franz der Vorstellungskraft von Barks entsprungen. Er hatte ihm 1937 eine tragende Nebenrolle in einem Kurzfilm zugedacht, der leider nie realisiert wurde. Sein wirkliches Filmdebüt fand 1939 in *Donald's Cousin Gus* statt. Franz (auf dem Bild links zu sehen) ist ein Vetter von Donald (Sohn von Wilhelmine Erpel und Gangolf Gans), der in der sehr ländlichen Gegend um Honking-on-Hudson lebt. Ab *Donald's Grandma Duck* (CBL-VI/3/593) steht er der resoluten Oma Duck zur Seite, auf deren Hof er seither lebt und arbeitet (wenn man das so sagen kann).

Mac Moneysac (Flintheart Glomgold)

In *Der zweitreichste Mann der Welt* (*The Second-Richest Duck*, BL-OD 11/1) streitet sich dieser südafrikanische Multimilliardär zum ersten Mal mit Onkel Dagobert um den Titel des reichsten Mannes der Welt. Mac baut sogar einen Speicher, der dem von Onkel Dagobert zum Verwechseln ähnlich sieht, jedoch das Symbol des Talers statt der Initialen trägt. In der TV-Serie *Duck Tales* wurde der Geburtsort Mac Moneysacs nach Schottland verlegt.

Gustav Gans (Gladstone Gander)

Den ersten Auftritt hatte dieser Vetter Donalds in *Die Wette* (*Wintertime Wager*, BL-WDC 12/2), wobei Barks ihm sogleich seine beiden wesentlichen Eigenschaften mitgab: das **unermessliche Glück** und die **bodenlose Arroganz**. Gustav ist ein eleganter und aufschneiderischer Nichtstuer. Er ist von der Glücksgöttin geküsst, die für ihn sogar Geld vom Himmel fallen lässt. In seinem ganzen Leben hat er nur ein einziges Mal gearbeitet.

Fähnlein Fieselschweif (Junior Woodchucks)

Diese Barks-Parodie auf die Pfadfinder tauchte zum ersten Mal in der Donald Duck-Geschichte *Test am Graupelpass* (*Test At Frostbite Pass*, BL-WDC 17/5) auf. Tick, Trick und Track tragen darin die Kopfbedeckungen des **Fähnlein Fieselschweifs** und haben beschlossen, mit Hilfe des Bernhardinerhundes Bornworthy, alias **Barbarossa**, an einer Rettungsaktion teilzunehmen, um einen Eimer voll Verdienstmedaillen zu erringen. In dieser Story erscheint auch ein Herr Oberstwaldmeister. In den weiteren Geschichten wandelt sich diese Figur zu Enten, die von Mal zu Mal mit einem anderen Titel aus phantastischen Abkürzungen angesprochen wird. Barks schuf allerdings auch die **Kohlmeisen** (Chikkadees), das weibliche Gegenstück zum Fähnlein Fieselschweif, das von Fräulein Kraus (Captain Romrod) angeführt wird.

Klaas Klever (John D. Rockerduck)

Die Geschichte dieses steinreichen Erpels ist etwas seltsam. Die von Barks

in **Das Bootsrennen** (*Boat Buster*, BL-WDC 44/1) eingeführte Figur des John D. Rockerduck wurde in der deutschen Übersetzung der Geschichte als Emil Erpel bekannt. Der Originalname des stets in Schwarz gekleideten, mit Brille und Bombe ausgerüsteten, kampfbereiten Kontrahenten von Onkel Dagobert erinnert nicht von ungefähr an den Ölmagnaten John D. Rockefeller. Doch obwohl er eine Figur mit Potential war, verwendete Barks ihn nicht mehr. 1963 wurde John D. Rockerduck dann in Italien wieder "hervorgeholt" und entwickelte sich in den italienischen Geschichten in kurzer Zeit zum **Antagonisten Nummer 1** von Dagobert Duck. Er verbündete sich zuweilen sogar mit den Panzerknackern. In der deutschen Übersetzung wurde diese Figur dann Klaas Klever genannt. In den Vereinigten Staaten war John D. Rockerduck praktisch vergessen, bis **Don Rosa** ihn als Kind im fünften Kapitel seiner **Dagobert-Duck-Saga** (1992) auftreten ließ.

Dagobert Duck oder
Onkel Dagobert
(Scrooge McDuck oder
Uncle Scrooge)

Onkel Dagobert ist der erste Originalbeitrag von Barks zu der Comicversion der **Familie Duck**, und zweifelsohne ist er die denkwürdigste Persönlichkeit der Ducks. Er entstand in Anlehnung an Ebenezer Scrooge aus *Die Weihnachtsgeschichte* (1843) von Charles Dikkens, trägt aber auch Züge des reichen Uncle Bims aus *The Gumps* von Sidney Smith. Er debütierte also nicht ohne Grund in **Die Mutprobe** (*Christmas On Bear Mountain*, BL-DD 8/1). Bei seinen ersten Auftritten schien Dagobert derart alt und zermürbt zu sein, dass Barks selbst ihn folgendermaßen beschrieb: „Zu alt und hinfällig. Erst später entdeckte ich, dass ich ihn lebhafter gestalten musste; ich konnte mir nicht vorstellen, dass ein alter Mann wie er, all die Dinge tun konnte, die ich ihn tun lassen wollte." Wie reich Dagobert war, konnte man nur erahnen, bis er 1949 in der *Christmas Parade 1* in **Zu viele Weihnachtsmänner** (*Letter To Santa*, BL-DD 11/1) von einem Berg aus Geld umgeben zu sein schien. Sein Vermögen wurde später mit drei Kubikhektar angegeben, die er seitdem in einem eigens dafür gebauten Geldspeicher aufbewahrt. Mit den Jahren entwickelte sich die Figur und Barks betonte sein Wesen als Selfmademan. Aber eines blieb immer gleich: seine Liebe zu den Talerchen, die er einmal in folgende Worte fasste: "Was ist Gold denn schon? Nichts als ein Haufen Metall und Papier. Aber ich liebe das Zeug! Es ist mir ein Hochgenuss, wie ein Seehund hineinzuspringen und wie ein Maulwurf darin herumzuwühlen und es in die Luft zu schmeißen, dass es mir auf den Kopf prasselt!"

Alberto Becattini

EINE HOMMAGE AN CARL BARKS

Als sich dieses Buch noch in der Planung befand, wurde uns plötzlich bewusst, dass ein Teil davon Comics derjenigen Autoren enthalten sollte, die als liebevolle Bewahrer des Erbes von Carl Barks gelten. Für sie ist er der **Meister**, dessen unübertroffene Geschichten sie dazu gebracht haben, eigene zu schaffen, in denen der Einfluss von Barks immer noch spürbar ist. Gleichzeitig fiel uns aber auch ein, dass

Bottaro, De Vita, Cavazzano, Carpi, Vicar, Jippes und Don Rosa - von diesen Künstlern veröffentlicht das vorliegende Buch im Folgenden jeweils eine Geschichte. Das Motiv, das diesen Geschichten zu Grunde liegt, ist gleich: den großen amerikanischen Comickünstler zu ehren.

wir bereits vielen Autoren Zusagen gemacht hatten. Denn als uns im August des Jahres 2000 die traurige Nachricht vom Tode von Carl Barks erreichte, gingen unzählige Anfragen bei uns ein: „Wenn ihr ein Special über Barks herausgebt, vergesst mich nicht, ich will mitmachen!" Und wir hatten darauf vorschnell mit „Ja, ja" geantwortet.

Also erstellten wir eine Liste der Autoren, von denen wir wussten, dass sie gern an der **Sonderausgabe** mitarbeiten würden.

Links: Eine reichlich verkleinerte Zeichnung von **Luciano Bottaro**.

Unten: Die einzige Maus im Buch. Sie ist von **Massimo De Vita**.

Diese Bestie, die gerade dem Wasser auftaucht, e stammt der Geschichte D Ungeheuer vom Schwefe und ist von **Giovan Battis Carpi** gezeichnet.

Enten eine Maus

Begegnung zwischen Donald und einer unternehmungslustigen Adlerdame, von dem Chilenen **Vicar** gezeichnet.

Barks und Onkel Dagobert – gezeichnet von Giorgio Cavazzano

Doch die Liste war zu lang. Es war einfach unmöglich, jeden dieser Autoren mit einer Geschichte zu beauftragen. Schließlich wollten wir Barks nicht opfern, nur damit sie alle in dem Buch, das ihm gewidmet ist, erscheinen konnten.

Daher mussten wir eine Auswahl treffen. Leider, denn die Geschichten, die uns zur Verfügung standen, waren alle sehr gut und stammten noch dazu von weltbekannten Künstlern. Aus Italien wählten wir **Lucciano Bottaro**, **Massimo De Vita** (mit der einzigen Micky-Maus-Geschichte, außer *Northwest Mounted* von Carl Barks) und **Giorgio Cavazzano**. Dazu natürlich **Giovan Battista Carpi**, von dem uns ein grenzenloser Fundus an Geschichten geblieben ist, unter denen wir eine fanden, die ein Element (das Seeungeheuer) enthält, das eindeutig auf Barks zurückzuführen ist.

Oben: Eine Zeichnung von **Jippes**.

Bei den ausländischen Künstlern haben wir uns für den Chilenen **Vicar** entschieden, den Holländer **Daan Jippes** und den Amerikaner **Don Rosa**. Sie stehen sowohl für Qualität, als auch für die garantierte Überlieferung des Barks'schen Geistes.

Viele Enten und sogar eine Maus sind auf den folgenden Seiten zu sehen, verschiedene Stile und Ausführungen, aber nur eine Intention: die Hommage an Barks, den Meister, dessen Einfluss sich auch die anderen Künstler nicht entziehen konnten.

Lidia Cannatella

Daniel Düsentrieb als Rattenfänger von Entenhausen, der die Ratten aus allen Winkeln lockt, ist das Werk des Amerikaners Don Rosa.

DER KÜNSTLER AUS RAPALLO

Luciano Bottaro

Mit großer Begeisterung hatte der Künstler unsere Bitte aufgenommen, für dieses Buch eine Geschichte als Widmung an Barks zu entwickeln. Das Abenteuer, das dabei entstand, ist nur acht Seiten lang, aber es scheint wie durch ein Wunder länger, so flüssig und wunderbar hat er es erzählt.

Bei einem Künstler wie Bottaro und seiner unverwechselbaren Art, ist es nicht gerade leicht, eine Geschichte herauszunehmen, die besonders von Barks inspiriert ist. Wir entschieden uns für Bottaros Version von *Der geheimnisvolle Professor* (auch bekannt als *Die Weltraum-Wanzen*, *Missile Fizzle*, BL-WDC 41/5), in der die Ducks sich nach Belieben aufblähen und schrumpfen, sich vergrößern und wieder verkleinern. Barks selbst hat in seiner Version dieser Geschichte ein Entenhausen der Zukunft mit schiefen Bauten und Entenhausenern gezeichnet, die wie selbstverständlich in mehrere Teile „zerbrechen", ohne dabei Schaden zu nehmen.

Hier ist also *Donald und die wahre Geschichte der Weltraumwanze*. Sie greift das Zukunftsthema von Barks auf, der seine Geschichte im Jahre 1950 geschrieben hat.
Für das Tuschen der Geschichte hat Bottaro sämtliche Angaben beigelegt und kämpfte sogar selbst mit den Buntstiften.
Am Ende gibt es noch eine Besonderheit: Statt des Wortes „Ende" steht hier eine Widmung. Bottaro erzählte uns, wie er Barks 1994 in Rapallo während dessen berühmter Europareise begegnete und Zio Carl (Onkel Carl) die „illustrierte" Signatur Bottaros gefiel, in der ein Gesicht (anstelle des ersten „O" in Bottaros Namen) höflich den Hut zieht.

Und was tat Barks? Er nahm sich einen Stift, die Kopie und machte eigenhändig daraus: „For Bottaro! Carl Barks". Wir brachten es nicht übers Herz, diese Widmung durch das traditionelle Wort „Ende" zu ersetzen. Uns gefällt die Geschichte, wie sie ist, mit dem etwas unkonventionellen Ende. Wir hoffen, dass Sie genauso darüber denken.

Lidia Cannatella

Links: Eine Zeichnung aus der Geschichte von Bottaro, inspiriert von der *Weltraumwanze* aus dem Jahr 1950.

197

Ein unkonventioneller Autor

Massimo De Vita

Als wir De Vita um eine Geschichte für dieses Buch baten, antwortete er umgehend mit der Frage: „Wollt ihr sie mit Enten?"

Tja, besser wär's schon, aber von De Vita eine Duck-Geschichte haben zu wollen, ist etwa so, als würde man versuchen, Himbeersaft aus Johannisbeeren zu pressen. „Es soll eine Geschichte von mir sein, also mache ich sie mit Mäusen." Dieser De Vita - immer ein Querkopf, immer unkonventionell.

Andererseits, ein neues Abenteuer aus der Werkstatt des **großen Künstlers** zu bekommen, der die Seiten des *Topolino*, der italienischen *Micky Maus*, mit Geschichten bereichert, die von Millionen von Lesern geschätzt werden, das konnten wir uns nicht entgehen lassen. Allerdings hatte sich Barks nur an eine Maus-Geschichte herangewagt, während die Micky Maus von De Vita bestens bekannt ist.

Und hier ist die **„Unveröffentlichte"** von De Vita. Sie bezieht sich auf die Barks-Geschichte ***Donald Duck und der goldene Helm*** (*DD and The Golden Helmet*, BL-DD 20/1) aus dem Jahr 1952. Den Blättern fügte der Künstler noch ein Manuskript hinzu, auf dem geschrieben steht: „Unübertroffener Carl Barks, der magische Begleiter meiner Jugendzeit, in der ich seine Geschichten las. Zwei von ihnen halte ich für seine Meisterwerke: ***Nächtliche Ruhestörung*** (*Donald's Rancons Role*, BL-WDC 28/4) und ***Donald Duck und der goldene Helm***. Letztere hat mich wegen der Zeichnungen, dem Funktionieren der Machenschaften und der Spannung sehr begeistert. Für meine Geschichte, eine bescheidene Hommage an Carl Barks, habe ich mir vorgestellt, dass der Helm nicht verloren geht und dass die beiden Betrüger wieder überführt werden, aber dieses Mal von Micky."

Massimo De Vita wurde am 29. Mai 1941 in Mailand geboren. Er bezeichnet sich selbst als „Zeichner aus Profession und Autor aus Leidenschaft".

Lidia Cannatella

Links: Eine Zeichnung aus der Barks-Geschichte *Donald Duck und der Goldene Helm* (1952).

MIT LIEBE AUS VENEDIG

Giorgio Cavazzano

Links: Ein Bild im Bild. Unten *Onkel Dagobert* und der *Vater der Ducks* von Salvagnini und Cavazzano.

In einem Buch, das Barks gewidmet ist, darf eine Geschichte, die **Giorgio Cavazzano** vor einigen Jahren gezeichnet hat, nicht fehlen. Sie wurde im *Topolino* zum ersten Mal veröffentlicht und danach viele Male wiederverwendet. Sie ist deswegen wichtig, weil sie vom **Vater der Ducks** handelt, wie auch von einer großen Zahl getreulich gestalteter Bürger Entenhausens.

Wir haben Giorgio Cavazzano gefragt, ob er die Zeichnungen von Barks, die in der Geschichte als Bilder zu sehen sind, kopiert hat, oder ob er sie selbst gezeichnet hat. Er hat geantwortet: „Es sind meine Zeichnungen, aber sie geben die Originalzeichnungen von Barks wieder. Getuscht wurden diese Imitationen von Alessandro Zemolin, der alle meine Geschichten tuscht." Eine weitere Frage an Cavazzano war, ob es viel Mühe gekostet hat, die Geschichte zu zeichnen: „Die Geschichte hat sich sozusagen von selbst ergeben. Aber trotzdem war es anstrengend. Barks nachzumachen ist eben nicht leicht."
Und dann hat er hinzugefügt: „Für mich stellt Barks eine ewige Entdeckungsreise dar. Er besaß ein enormes Talent und war ein echter Magier des Erzählens."

Geboren 1947 in Venedig, begann Giorgio Cavazzano schon in seiner Jugend, die Geschichten seines Cousins Luciano Capitanio zu tuschen. 1961 lernte er **Romano Scarpa** kennen und tuschte bis 1972 die Seiten für ihn. Doch daneben begann Cavazzano die Arbeit als „eigenständiger" Zeichner. Die Geschichte, die Sie gleich lesen werden, wurde von Rudy Salvagnini (Jahrgang 1955) geschrieben und stellt eine gelungene Hommage an Barks dar, in der er ein äußerst enges und herzliches Verhältnis zu seinen Figuren hat.

Lidia Cannatella

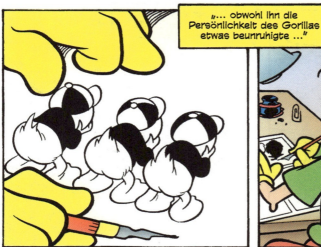

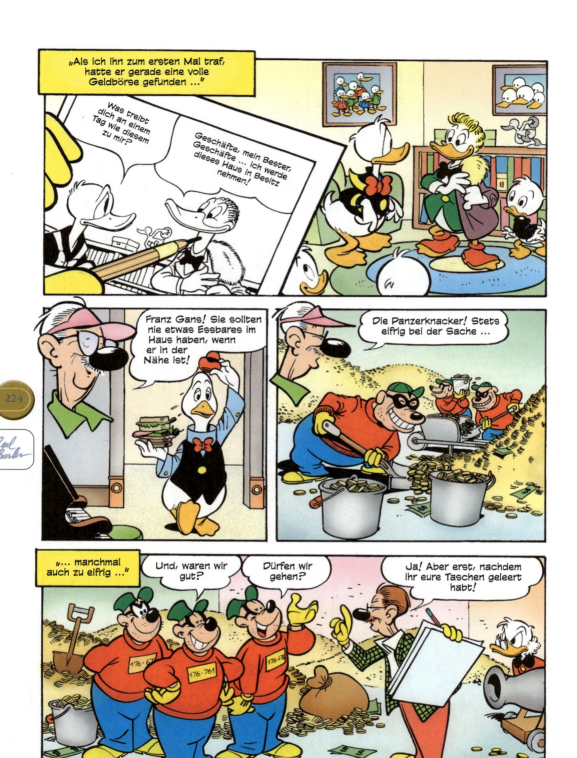

Ein Meister aus Genua

Giovan Battista Carpi

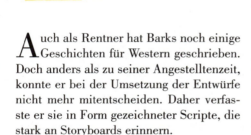

Auch als Rentner hat Barks noch einige Geschichten für Western geschrieben. Doch anders als zu seiner Angestelltenzeit, konnte er bei der Umsetzung der Entwürfe nicht mehr mitentscheiden. Daher verfasste er sie in Form gezeichneter Scripte, die stark an Storyboards erinnern.

Im Jahr 1972 schrieb Barks *Das Ungeheuer vom Schwefelsee* (*Be Leery of Lake Erie*, HDL 17). Diese Geschichte kam den Redakteuren zu pessimistisch vor, da sie ein sehr apokalyptisches Bild vom zeitgenössischen Entenhausen zeichnete, und sie baten Barks, einige Skizzen zu ersetzen. Kay Wright zeichnete also eine leicht variierte Story, die dann im November desselben Jahres in *Junior Woodchucks* erschien.

Zu Beginn der neunziger Jahre wurde dann Carpi eine Textversion der Geschichte für die italienische Disney-Buchreihe *Walt Disney presenta* anvertraut, und er zeichnete sie nach der Originalversion von *Das Ungeheuer vom Schwefelsee*, also so, wie Barks sie ursprünglich konzipiert hatte.

Der Meister las die Geschichte und war zufrieden. Damit feierte *Das Ungeheuer vom Schwefelsee* im Oktober des Jahres 1992 in dem Buch *Walt Disney presenta Qui Quo Qua* seine Weltpremiere.
Als Barks 1994 in Italien war, überreichte ihm Carpi eine Illustration, die zu dem Buch entstanden war. Sie zeigt eine übertriebene Version vom Schwefelsee, worauf Barks sagte: „Diese Geschichte kommt mir bekannt vor, aber so habe ich sie noch nie gesehen!"

Luca Boschi

Links und oben:
Der drollige Kollege des Monsters von Loch Ness, gezeichnet von Giovan Battista Carpi.

Das Ungeheuer vom Schwefelsee

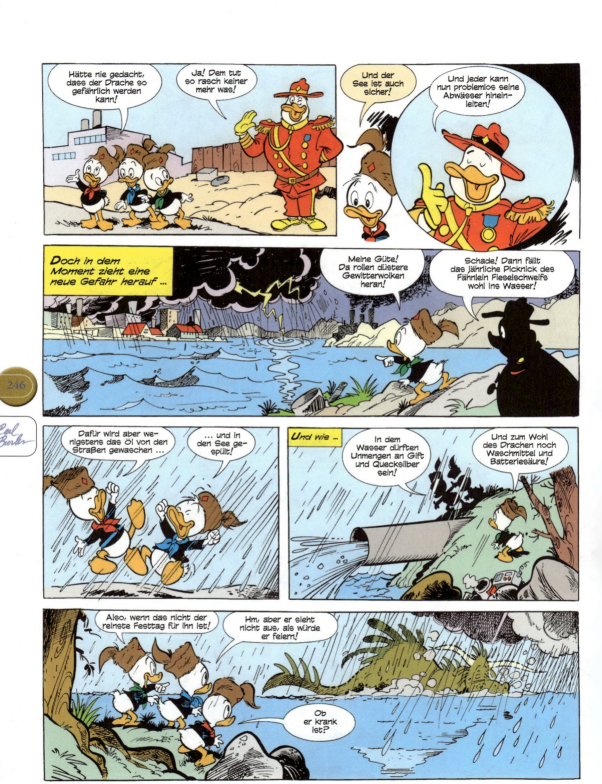

BARKS' „VIZE"

Vicar

Seit 1971 zeichnet **Victor José Arriagada Rios,** Künstlername **Vicar** (Karikatur siehe oben), Geschichten von Donald und Dagobert für die Verlagsgruppe Egmont. Geboren 1934 in Santiago de Chile, war Vicar zunächst Elektroingenieur, aber 1957 wechselte er zu den Comics und Illustrationen. Unter den Zeichnern, die für Egmont arbeiteten, hat er als Erster aus Barks' Stil einen eigenen entwickelt, der dem Vater der Ducks gefiel.

Während der dreißig Jahre, in denen er sich mit den Ducks beschäftigte, hatte Vicar immer wieder Gelegenheit, auch sämtliche Nebenfiguren zu verwenden, die der Künstler aus Oregon erfunden hatte. 1977 und 1980 hat Vicar die „Fortsetzungen" der beiden berühmten Barks-Geschichten **Besuch vom Planeten Diana** (*Micro-Ducks From Outer Space*, US 65) und **Wiedersehn mit Klondike** (*Back To The Klondike*, BL-OD 4/1) gezeichnet.

Als würde das noch nicht reichen, wurde Vicar zudem noch mit dem Auftrag betraut, die Comicversionen von zwei bisher unveröffentlichten Barks-Geschichten zu zeichnen. Ende der 60er Jahre hatte der Herausgeber Carsten Jacobsen an Barks geschrieben und ihn gebeten, sich eine Geschichte einfallen zu lassen. Barks antwortete, er hätte zwei Entwürfe fertig. Der eine hieß **Langsam rinnt der Sand der Zeit** (*Go Slowly, Sands of Time*, BL-OD 2/49) und erzählt, wie Dagobert in ein verborgenes Tal reist, um nach der ewigen Jugend zu suchen.

Die zweite Geschichte hieß **Der Punschcremtorten-König** (*Hang Gliders Be Hanged*, DD 259). „Ich habe sie 1975 geschrieben," erzählte Barks, „in der Zeit, als dieser Sport populär wurde. Ein Artikel in der *Popular Science* vom Mai 1974 über das Gleitschirmfliegen hat mich dazu angeregt." Barks schickte den Entwurf zu Disney, damit er nach Dänemark weitergeleitet werden sollte. Doch nach einer ganzen Weile meldete sich Jacobsen schließlich und sagte ihm, dass er die Geschichte noch gar nicht bekommen hätte. Also schrieb Barks *Der Punschcremtorten-König* noch einmal, aber diesmal als Szenario. Im März 1984 erschien die Geschichte in der Nummer 11 von *Anders And & Co.*, gezeichnet von Vicar. Sie können sie auf den folgenden Seiten bewundern.

Jedoch gibt es Unterschiede zu dem Script von Barks. Vor allem fehlt die Sequenz, in der Donald mit seinem Gleiter von Fledermäusen attackiert wird und nur dank der Hilfe seiner drei Neffen gerettet werden kann. Statt dessen wird Donald in der hier abgedruckten Version von einer Adlerdame bedrängt, die ein Auge auf ihn geworfen hat.

Alberto Becattini

Eine Zeichnung aus der Geschichte von Vicar, die den fliegenden Donald zeigt.

DONALD DUCK
Der Punschcremtorten-König

NACH BARKS KOMMT DON ROSA

Die Bandbreite der Geschichten von Barks ist wirklich enorm. Da gibt es welche, die vom Meister selbst konzipiert und umgesetzt wurden, jene, die er nach den Skripten anderer zeichnete und solche, die von anderen Zeichnern gestaltet wurden.

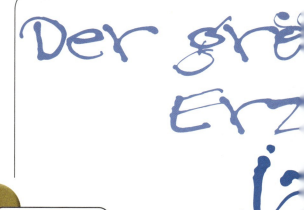

Und dann gibt es da noch Geschichten, die seinerzeit von Zeichnerkollegen in einer Weise umgesetzt wurden, die Barks nicht gefiel: Geschichten, die er später noch einmal schrieb und von Künstlern wie **Daan Jippes**, dem getreuen Interpreten des Barks-Geistes, zeichnen ließ.

Daniels Einstieg

Das Abenteuer, das in diesem Buch erscheint, gehört wiederum zu einer ganz anderen Kategorie, deren Entwicklung wir gemeinsam betrachten wollen.
Auf der Bühne erscheint Daniel Düsentrieb. Der geniale und hilfsbereite Erfinder hatte sein Debüt in *Die peinliche Enthüllung*, (Gladstone's Terrible Secret, BL-WDC 21/1). Er trägt stets eine Nickelbrille und eine beigefarbene Perücke und ist – nach dem Stammbaum, wie ihn Don Rosa entwickelt hat – der Enkel

Oben: eine Selbstkarikatur von Don Rosa. Er entwickelte die Geschichte *Der Rattenfänger von Entenhausen*, aus der die beiden Zeichnungen stammen.

von Dankwart Düsentrieb, der 1880 mit dem jungen Dagobert über den Mississippi fuhr, sowie der Sohn von Dankwart jr. Düsentrieb, der zu den ersten Pionieren des Fähnlein Fieselschweifs gehörte.

Hauptdarsteller

Kraft seiner immer facettenreicher werdenden Persönlichkeit, gelang es Daniel Düsentrieb im Jahre 1956 der unvergleichliche Hauptdarsteller einer Reihe von Kurzgeschichten zu werden, die seinen Namen trugen. Sie sollten eine neue, regelmäßig erscheinende Publikationsform in den Vereinigten Staaten einführen. Der Grund war, dass man für Comichefte, die Geschichten von verschiedenen Figuren präsentierten, weniger Steuern zahlen musste. Western schöpfte diese steuerliche Ermäßigung unter anderem dadurch aus, dass Daniel Düsentrieb aus den **langen Abenteuern** der Ducks „geschnitten" wurde und als Anhängsel in Uncle-Scrooge-Alben wieder auftauchte und dabei sogar die Ducks nicht mal zu kennen schien. Erst in den Geschichten von Barks, in denen der Ingenieur lauter verrückte Dinge erfand, waren Daniel und Dagobert wieder in **Sonderbänden** vereint. Seither ist das skurrile Genie nicht mehr aus der Comedia dell Duck wegzudenken. Zwischen 1959 und 1962 erschienen sogar fünf Hefte mit seinem Namen als Titel.

Barks gab **Helferlein** nie einen richtigen Namen, er nannte ihn nur helper, „Helfer".

Der flötende Erfinder

Programmatisch für diese Abenteuer ist ***Der Rattenfänger von Entenhausen***. Diese Geschichte, die den Erfinder in der Rolle des magischen Rattenfängers von Hameln bzw. Entenhausen zeigt, ist auf den folgenden Seiten abgedruckt. Allerdings stammen nur die ersten drei Seiten von Barks. Denn, wie er in einem Interview erklärte: „Für eine Kurzgeschichte hatte ich die Sache zu kompliziert entwickelt. Ich hatte schon Scharen von Kindern, Ratten

NACH BARKS KOMMT DON ROSA

Ein Bild von Daniel, der vom Helferlein gekämmt wird. Diese beiden Figuren wurden von Barks erfunden.

und Leuten gezeichnet, aber es lohnte sich nicht, angesichts dessen, was man mir dafür bezahlen würde."

Don Rosa in Aktion

Von Barks Originalentwurf verlor sich jede Spur. Für etwa dreißig Jahre waren die drei Seiten mit den Zeichnungen total vergessen, bis sich schließlich Don Rosa entschied, sie wieder hervorzuholen und das Abenteuer auf seine Weise zu vervollständigen. Dabei entwickelte er eine Geschichte, die sich von der, an die Barks gedacht hatte, unterscheidet, aber auf ihre Art auch wieder logisch und unterhaltsam ist.

In der Unmenge an Nagetieren ist sogar eines, das wie Micky Maus aussieht. Solche heimlichen Gastauftritte hat Don Rosa der Maus übrigens noch öfter ermöglicht.

Verschollene Ratten

Der Rattenfänger von Entenhausen ist eine einzigartige „indirekte Zusammenarbeit" zwischen Don Rosa und Barks. Der amerikanische Künstler war sehr stolz darauf, dass er ein Fragment aus dem Fundus von Barks-Geschichten wieder ans Licht geholt hatte, das sonst trotz seiner erstklassigen Qualität sicher verloren gegangen wäre.

Doch lassen wir Don das letzte Wort, um einmal mehr die Bedeutung von Barks zu betonen, – dem Mann, der die Fähigkeit besaß, äußerst populäre Comics zu kreieren, in denen er ruht und wieder ersteht, und dessen Verdienst weit über den Bereich der Comics hinausreicht.

Dons Meinung

„Für mich ist Barks (und ich bin sicher nicht der Erste, der das behauptet) der größte Erzähler des zwanzigsten Jahrhunderts. Ich habe bewusst nicht „vermutlich" gesagt. Wer mir nicht zustimmt, irrt sich. Er ist am Anfang des letzten Jahrhunderts geboren und starb in seinem hundertsten Lebensjahr, während des letzten Jahres des vergangenen Jahrhunderts. Es war sein Jahrhundert."

Luca Boschi

BEGEGNUNGEN

Die Chronik einer Begegnung zweier Sterne des Disney-Firmaments: Carl Barks, Meister und Inspirator, und Don Rosa, einer seiner viel versprechendsten Schüler.

Carl Barks in seinem Haus in Grants Pass 1998 abgelichtet mit seinem "kleinen Schatz".

Don Rosa, Ingenieur, begeisterter Comicleser und -sammler, Zeichner italienischer Herkunft, wohnhaft in Kentucky, hat nie einen Hehl aus der Bewunderung und der Dankbarkeit gemacht, die er für Barks empfindet. Für ihn ist er der größte Erzähler des 20. Jahrhunderts.

Die versteckte Widmung

Seit er begann, seine Geschichten, die sich allesamt auf das Barks-Universum berufen, zu veröffentlichen, hat Don Rosa seine Zeichnungen mit der berühmten Signatur D.U.C.K. versehen. Laut Wörterbuch bedeutet das einfach nur "Ente", aber es klingt auch wie der Nachnahme von Donald und seinen engsten Verwandten. Vor

Amerikaner in Entenhausen

allem aber bedeutet es: „**Dedicated to Uncle Carl from Keno**" (Onkel Carl von Keno gewidmet). Wobei Keno die Kurzform von Gioachino ist, dem ersten Vornamen aus Don Rosas bürgerlichem Namen.

Anders als die Kollegen, die Barks in der Zeit, als er für Western arbeitete, persönlich kennen gelernt und zum Teil mit ihm auch an den Trickfilmen im Disney-Studio gearbeitet haben (Walt Kelly, Ken Hultgren, Carl Buettner, Roger Armstrong und andere), hat Don Rosa lange Zeit keine Gelegenheit gehabt, einmal ausführlich mit seinem großen Vorbild zu plaudern.

Die lebende Legende

Don Rosa deutet auf ein Mosaik, das seinen Großvater Gioachino Rosa zeigt und dessen Koffer, mit denen er nach Amerika kam.

Zwischen der Pensionierung von Barks und Don Rosas erster Geschichte mit den Ducks, lagen mehr als zwanzig Jahre. In der Zwischenzeit war der Vater von Onkel Dagobert und Daniel Düsentrieb zu einer wahren, lebenden Legende geworden. Seine Anhänger, die seit den siebziger Jahren Aufsätze über ihn verfassten und in der ganzen Welt Fanzines über ihn herausbrachten, hatten dazu einen gehörigen Teil beigetragen.

Kurs auf Oregon

In der Zwischenzeit sorgte der Ruhm des **Malers Barks** und seiner Ölbilder dafür, dass den Comicgeschichten, die er Jahrzehnte zuvor geschrieben hatte, neue Aufmerksamkeit zuteil wurde. Daher wur-

Der kleine Dagobert mit dem ersten Zehner, den er verdient hat. Diese Münze wurde sein Glückszehner.

BEGEGNUNGEN

Barks auf einem älteren Foto bei der Arbeit in seinem Studio. Unten: Eine seiner Karikaturen.

suchte die Nähe zu treuen Freunden. Und dann, eines Tages **lud der Vater der Ducks Don Rosa persönlich ein**. „Schauen Sie doch mal rein, wenn Sie gerade hier in der Nähe sind!", sagte er. Und Don ließ sich das nicht zweimal sagen.

In der Nacht zum **12. August 1998** machte sich Don auf den Weg. Mit ihm kam sein Freund **Michael Naiman**, ein Journalist, der sich auf seine Comics spezialisiert hatte (das Magazin *Comic Book Marketplace* wird sehr geschätzt und ist international anerkannt) und Mitorganisator der San Diego Comic Con war, der wichtigsten Veranstaltung der Welt auf diesem Sektor. Später schrieb Naiman eine Reportage über das den sie weltweit wieder veröffentlicht, um der andauernden Nachfrage der Leser jeden Alters und jeder Nationalität gerecht werden zu können.

Aus einer Reihe von Gründen war über zehn Jahre hinweg der Austausch zwischen Don und Onkel Carl auf rasche "Hallos" bei ein paar Sitzungen beschränkt. Aber dann, nach dem Tod von Garé, änderte sich das Leben von Barks. Er zog in ein neues Haus und

Oben: Titelblatt eines schwedischen Fanzines. **Rechts:** Zeichnung von Barks für die San Diego Comic Con 1978.

Treffen, *A Journey to Duckburg*, für die Nummer 317 von *Uncle Scrooge*.
Mit Michael bestieg Don ein Flugzeug, das sie nach San Francisco brachte, um am Morgen darauf in Medford, Oregon, zu landen.

Das Empfangskomitee

Der Vater der Ducks erwartete sie mit einem strahlenden Lächeln und trug ein T-Shirt, auf dem **Kalle Anka** (der schwedische Name von Donald und seinem Magazin) stand. Außerdem trug er eine Kappe von Egmont, dem Verlag, für den Don Rosa Geschichten produzierte und für den Barks den Entwurf von *Der Punschcremtorten-König* entwickelt hatte. Unnötigerweise hatte Barks nämlich befürchtet, in einem anderen Aufzug hätte man ihn vielleicht in der Menschenmenge am Flughafen nicht erkennen können.
Seine beiden Freunde, der Fotograf Jim Mitchell, der die Begegnung in Fotos festhielt, und Gerry Tank begleiteten ihn.

Ducks und Geografie

Während der Autofahrt durch Oregon gab Barks Anekdoten über all die Orte zum Besten, die er in den vergangenen Jahrzehnten besucht hatte.
Dabei vermischte er die Begebenheiten einmal mehr mit dem, was er im *National Geographic* gelesen hatte. Sein Faible für dieses Magazin ist ja bekannt, hat er es doch für seine Hefte und Comics immer wieder als Quelle verwendet.
In ehrlicher und leidenschaftlicher Weise verurteilte Barks die Gesetze, die im Namen der Papierindustrie die Zerstörung der Wälder rechtfertigten. Diese Wälder kannte er schließlich seit seiner Kindheit.
Er erwähnte, dass es in dieser Gegend einige **„Baumstamm-Fabriken"** gab, die sich darauf verlegt hatten, zum Zweck der Zellulosegewinnung für Bücher und andere Papierprodukte, das Wachstum der Bäume mit aller Gewalt zu fördern. Das alles sorgt dafür, dass die Natur unbarmherzig zerstört wird, was Carl Barks in einigen seiner besten Geschichten mit einem Unterton aus Nostalgie und Wehmut angeprangert hat.

Zwei große Künstler begegnen sich und plaudern wie alte Freunde: Carl Barks (**links**) und Don Rosa.

Von links: Don Rosa, Carl Barks und Michael Naiman.

BEGEGNUNGEN

Spurensuche

Und dann war man endlich da. Im Wohnzimmer der Barks-Villa befand sich eine Sammlung aus lauter Objekten, Preisen, Schildern, Zeichnungen, Geschenken und Anerkennungen von Fans aus der ganzen Welt, die - bei einem Vergleich - selbst das Trophäenzimmer von Dagobert Duck hätte schlecht aussehen lassen. An den Wänden hing eine Sammlung von Lithografien, die Barks nach seiner Pensionierung für den Verlag Another Rainbow gemacht hatte. Another Rainbow ist eine Art „künstlerischer Ableger" von Gladstone. Gegründet wurde er von Bruce Hamilton und seinen Mitarbeitern, die sich am Ende der achtziger Jahre mit der Wiederauflage der Disney Comics beschäftigten.

Mit adlerscharfen Augen, denen selbst das kleinste Detail nicht entging, sah Don Rosa sich um und hatte schnell eine Spur aufgenommen. Auf allen Vieren kauernd, schielte er nach einem Faltkarton, der auf dem Boden stand. Die Kiste quoll über vor genau katalogisierten und ordentlich in alphabetischer Reihenfolge sortierten Karten. Zudem gab es Fotos von Landschaften, Maschinen, Tieren und allem anderen, was als ikonografische Vorlage für Geschichten und Comics dienen konnte. Es war das Privatarchiv von Barks, das er Morgue (Leichenhaus) nannte. So hatten auch die Trickfilmzeichner bei Disney jenes enorme und stetig anwachsende Archiv getauft, in dem die Zeichnungen zu den Filmen aufbewahrt wurden.

Die berühmte Sammlung

Der großen „Vorlagensammlung" von Barks entstammen verschiedene Panoramen aus *Das alte Kalifornien* (*Old California*, BL-DD 19/1), der Wald aus *Familie Duck auf Ferienfahrt* (*Vacation Time*, BL-DD 18/1), der Himalaya in *Der verhängnisvolle Kronenkork* (*US in Tralla-La*, BL-OD 6/2) und die Côte d'Azur in *Gefährliches Spiel* (*Dangerous Disguise*, BL-DD 17/1).
Die Barks-Studenten hatten gewusst, dass der Autor Einflüsse und Bildausschnitte aus dem *National Geographic* für seine Comicgeschichten verwendet hatte, aber dass ein solches Archiv existierte, war ihnen bis dahin unbekannt.

Oben: Titelbild des 16. Sonderheftes der *Micky Maus*, das am 14. Juli 1954 erscheint.
Unten: Eine Zeichnung aus *Das Gold der Inkas*, der ersten Disney-Geschichte von Don Rosa.

Michael Naiman und Don Rosa wunderten sich aber darüber, dass sie von dem Magazin selbst nirgendwo Spuren entdecken konnten und befürchteten schon, der Vater der Ducks habe die Sammlung auf das Notwendigste reduziert.

Aber das war falscher Alarm: Das Magazin präsentierte sich in seiner ganzen Schönheit. Die berühmte Sammlung des *National*, mit den gelben Ecken auf seinen Titelseiten, war immer noch vollständig. Am Nachmittag, nachdem man in eines der Lieblingsrestaurants des Meisters eingekehrt war, begann dann die Diskussion über den Stand der Comickunst, die im Jahre 1998 gerade ihr 100. Lebensjahr vollendet hatte.

Das Titelbild zur ersten langen Geschichte mit Dagobert Duck, die in Deutschland als 10. Sonderheft der *Micky Maus* am 13. Januar 1954 publiziert wird.

Zwei Comic books ...

In dem Gespräch ging es um das Ansehen und die Verbreitung der Comics in den Vereinigten Staaten und Europa, wo ein immer aufmerksameres und anspruchsvolleres Publikum herangewachsen war, das drohte, aus einem Phänomen der Massen die Leidenschaft einer Elite werden zu lassen.

An dieser Stelle zog Don zwei Comic books aus seinem Köfferchen. Eines war die legendäre Nummer 386 von *Four Color*, die das erste lange Abenteuer von Onkel Dagobert enthielt: **Only a Poor Old Man**, das in Deutschland unter dem Titel *Der arme alte Mann* (BL-OD 3/1) erschienen war. Dieses Heft ist deshalb so bedeutend, weil es die erste Nummer von *Uncle Scrooge* ist.

Nicht alle Leser werden wissen, dass das amerikanische Verlagshaus Western Publishing zu dieser Zeit verantwortlich für die Disney-Comics war und für drei Ausgaben mit dem Potenzial der Figur experimentiert hatte. Sie ließen sie in der Reihe *Four Color* auftreten, in der auch andere immer wieder wechselnde Disney-Figuren von verschiedenen Autoren gastierten.

Nachdem man drei Nummern als Testhefte herausgegeben hatte, erhielt Uncle Srooge schließlich im Jahr 1953 seine eigene Reihe bei WDC, die mit der Nummer 4 begann.

Der zweite Comic stammte eher aus unserer Zeit. Es war die Nummer 219 von *Uncle Scrooge* mit der ersten Geschichte, die Don Rosa geschrieben und gezeichnet hatte: **The Son of the Sun**, in Deutschland unter dem Titel *Das Gold der Inkas* (Don Rosa 9/1) bekannt.

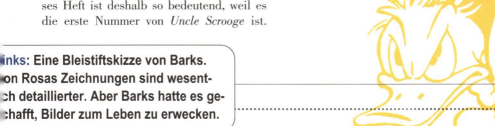

Links: Eine Bleistiftskizze von Barks. Don Rosas Zeichnungen sind wesentlich detaillierter. Aber Barks hatte es geschafft, Bilder zum Leben zu erwecken.

BEGEGNUNGEN

... und fünf Kartenstapel

Und dann endlich konnten die beiden Autoren sich über ihre Arbeit austauschen. Don meinte, dass die beste Zeichnung, die jemals für einen Comic gemacht wurde, jene halbseitige Szene aus *Der arme reiche Mann* mit ihrer dreidimensionalen Wirkung ist, in der ein Flussdamm bricht und sich eine Kaskade aus Wasser und Talern ergießt. Barks wiederum wunderte sich, dass Don die Zeit fand, eine so große Zahl an Details in seine Zeichnungen einzufügen. Darauf antwortete Don: „Ich sitze jeden Tag um neun Uhr morgens bis nachmittags um fünf am Arbeitstisch, und das an fünf Tagen in der Woche, so, als würde ich einer ‚echten' Arbeit nachgehen." Zwischen den Plaudereien und gegenseitigen Würdigungen, erklärte Carl Don dann die Regeln von **Solitär**. Seit Jahren spielte er dieses Spiel in den Arbeitspausen oder wenn er sich einsam fühlte, weil er dabei nachdenken und vorausschauen musste.

Carl erklärte Don, dass es sich dabei um ein Kartenspiel handelt, das mit fünf Talons gespielt wird: „Ich habe es vor vielen Jahren entdeckt und spielte früher gegen jemanden, den ich den imaginären Chinesen nannte. Ich machte Zeiten durch, in denen er gewann und ich immer verlor. Dann gab es Zeiten, in denen ich immer gewann! Da stand ich wohl unter dem Schutz von Gustav Gans!"

Die berühmte Szene von Barks aus *Only a Poor Old Man*, wo der Staudamm bricht und sich eine Flut aus Wasser und Talern ergießt.

Don Rosa zeigt Barks zwei Hefte, die er für legendär hält: die Nummer 386 von *Four Color* und die Nummer 219 von *Uncle Scrooge*.

Dons Traum - dem Mann, der sein ganzes Leben verändert hatte, zu begegnen – war zwar erst spät, aber letztendlich doch noch in Erfüllung gegangen.

Der gute Zeichner

Barks war (und ist) für Don und die Mehrzahl der Comicleser in der ganzen Welt, ein Erzähler und Inspirator von **unerreichbarem Können**.
Wenn auch für Jahre sein Name fast vergessen schien, blieb er als **The good artist** in Erinnerung. Der Kern der Frage aber ist, ob Barks der beste Comiczeichner oder der beste Comicautor aller Zeiten war. Don meinte dazu: „Barks in nur eine dieser beiden Kategorien einzuordnen, hieße, die Tragweite seiner Arbeit zu schmälern."
Und er fuhr fort: „Trotzdem ist das Charakteristische an ihm seine außerordentliche sprachliche Fähigkeit, denn sie hat seine Geschichten so wunderbar gemacht. Um es in einfachen Worten zu sagen, er konnte populäre Comicalben schaffen, die in allen Teilen der Welt nachgedruckt werden. Comics, die ich so sehr geliebt habe, dass das Unternehmen meiner Familie und mein teures Ingenieurstudium für mich nicht annähernd den Reiz hatten, wie das, was ich mit seinen Schöpfungen machen konnte. Und so, wie sich mein Leben veränderte, wurde auch das Leben von Millionen von Jungen in der Welt, die mit seinen Werken aufgewachsen sind, verändert."
Doch der Besuch in Oregon war zeitlich begrenzt. Wie Michael Naiman am Ende seiner Reportage schreibt: "Die lange Tagesreise durch Entenhausen brachte genau das, was wir erhofft hatten: Eine neue Freundschaft, Verständnis und den Anfang eines neuen Kapitels in den Leben von Don Rosa und Carl Barks."

Luca Boschi

Ein Barks-Philologe

Daan Jippes

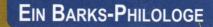

Daan Jippes ist ein freundlicher „Wikinger" von ein Meter neunzig, mit Bart und großen, aber sanften Händen, die auf einem Blatt Papier wahre Wunder schaffen können. Geboren am 14. Oktober 1945 in Amsterdam, kam Jippes 1972 zu den Disney-Comics. Sein **Debüt** feierte er mit der Micky Maus, aber bald zeigte sich seine Vorliebe für die **Ducks**, vor allem nach der Begegnung mit dem Dänen Fred Milton.

Mit ihm hat Jippes von 1975 bis 1980 etwa zwanzig Geschichten für das holländische Wochenmagazin *Donald Duck* geschaffen. All diese sind durch Geschichten inspiriert, die Barks für *Walt Disney's Comics & Stories* entwickelt hatte. 1981 zog Jippes nach Kalifornien, wo er dann in den Disney Studios arbeitete.

Zwischen 1986 und 1989 beschäftigte er sich mit Comics, setzte Strips und Donald-Duck-Seiten um, sowie einen großen Teil des Albums *Wer hat Roger Rabbit geklaut?* (1988). Danach fand er sich in der Animationsabteilung wieder und strichelte die Storyboards zu *Bernhard und Bianca im Känguruland* (1990), *Aladdin* (1992) und weiteren abendfüllenden Spielfilmen. In den folgenden Jahren lebte er in Paris und London. Dann kam er wieder nach Kalifornien und arbeitete für Spielberg.

Seit 1991 zeichnet Jippes wieder Donald-Duck-Comics und wieder trat er dabei in die Fußstapfen des Meisters. Basierend auf den „gezeichneten Manuskripten", die Barks in den Jahren zwischen 1967 und 1973 fertigte, rekonstruierte er die Geschichten, wobei es ihm gelang, dem Original-Barks-Geist im kleinsten Detail gerecht zu werden.

In diesem Buch erscheint nun Jippes Umsetzung des Textes und der Bleistiftskizzen von Barks zu *Wale in Gefahr* (*Wailing Whalers*). Sie erschien 1999 in Holland. Barks hatte den Entwurf am 30. September 1971 an den Verlag geschickt und die Geschichte wurde erstmals in dem darauf folgenden Jahr herausgebracht.

Alberto Becattini

Oben links: Eine Karikatur von Daan Jippes.
Oben: Eine Zeichnung aus seiner Geschichte.

EINE DENKWÜRDIGE REISE

Carl Barks in persona erleben ... im Juni 1994 ging dieser Traum für seine unzähligen Verehrer hier zu Lande in Erfüllung. Während einer ausgedehnten Europareise machte die Disney-Legende Station in Stuttgart und München.

Carl Barks und das liebe Geld von Dagobert Duck, der auch seine Krawatte ziert.

Große Aufregung herrschte in der kleinen Welt der Comics zu Beginn des Jahres 1994. Die Pressestelle des Stuttgarter Egmont Ehapa Verlags hatte offiziell bekannt gegeben, dass Carl Barks im Rahmen eines **Europabesuchs** nach Deutschland kommen würde. *Tock Tock*, das Kundenmagazin des Verlags, stimmte seine Leser auf das spektakuläre Ereignis mit folgendem Wortlaut ein: "Viele mögen es erst glauben, wenn der legendäre duck man wirklich die Gangway herabsteigt: Im biblischen Alter von 93 Jahren wird der kreative Vater von Donald **zum ersten Mal** merry old Europe einen Besuch abstatten, und dies nicht von ungefähr: Gilt es doch, den 60. seines cholerischen Lieblingsgefiederten zu feiern - mit Freunden, Weggefährten und nicht zuletzt in den Medien, bei denen das Megaereignis im Kalender bereits rot angestrichen ist. Erstmals wird auch eine feine Auswahl der schönsten Ölgemälde von Carl Barks durch den alten Kontinent touren: Neben Kopenhagen,

Barks in Deutschland

Stockholm und Mailand ist die Galerie der Stadt Stuttgart als deutsche Station schon fest gebucht. Termin: Ende Juni bis Anfang Juli. Das kann ja heiter werden..."

Souveräner Barks

Ausgangspunkt für die Reise war die Einladung zu den Feiern des 60. Geburtstags von Donald Duck. Dadurch wurde Barks schließlich im hohen Alter die Gelegenheit geboten, einen Trip weg vom vertrauten nordamerikanischen Kontinent zu unternehmen. Er muss sich dabei gefühlt haben wie seine Helden auf dem Papier, die er über Jahre mit Bravour auf Erkundung in die entferntesten Winkel dieser Welt geschickt und in spannende Abenteuer verwickelt hatte. Und gleich den Ducks wird es bei ihm die Befriedigung dieses Lustfaktors gewesen sein, der ihn die repräsentativen Aufgaben in der Fremde trotz seines Alters so **professionell** und **souverän** meistern ließ, dass Beobachter den Eindruck gewinnen konnten, er habe nie etwas anderes im Leben gemacht.

Superstar Donald

Doch kommen wir erst noch mal auf Donald zu sprechen. Wie bekannt debütierte der temperamentvolle Enterich im blauen Matrosenanzug am 9. Juni 1934 in einer Nebenrolle des Zeichentrickfilms *The Wise Little Hen*. Ab 1937 als Serienheld in den Comics präsent, erfuhr er die subtile Ausgestaltung seines Wesens durch Carl Barks, der zwischen 1942 und 1967 für die amerikanischen Disney-Heftreihen Geschichten von zeitloser Schönheit realisierte - Klassiker des Genres. „Die Ente ist Mensch geworden", sinnierten Kritiker später bei der Analyse des Werks, und Barks selbst steuerte die wohlklingende philosophische Erkenntnis bei: **„Donald ist keine Ente, er sieht nur wie eine aus."**

Der Besuch beim Egmont Ehapa Verlag bringt erneut die Begegnung mit einem alten Bekannten: Donald Duck.

Eine denkwürdige Reise

Neben dem Schnabeltier mit den menschlichen Höhen und Tiefen markierten andere Hauptfiguren von betont individueller Gesinnung – Tick, Trick und Track etwa und die von Barks erfundenen Charaktere Dagobert Duck, die Panzerknacker, Gustav Gans, Daniel Düsentrieb oder Gundel Gaukeley – diese Humanisierung in Entenhausen.

Enten-Spezialitäten

An dem facettenreichen Kosmos ergötzten sich nicht allein nur US-Amerikaner. Die frühe Verbreitung des Materials in den europäischen Sprachräumen machte die gezeichneten Geschichten auch dort rasch populär. So startete ab September 1951 die *Micky Maus* regelmäßig mit den von Barks angerichteten Enten-Spezialitäten. Die Geschichten eröffneten in Deutschland ganzen Generationen den Einstieg in die Welt der bunten Bilder und Sprechblasen und etablierten den guten Ruf der *Micky Maus*. „Wer in der Welt hat so viele Enten gezeichnet wie ich?", durfte sich Carl Barks tatsächlich fragen, um dann gleich anzufügen: "Ich bin auf den Flügeln der Enten zum Erfolg geflogen." Da erscheint es nur akzeptabel, dass er gebratene Ente verschmähte. Abgesehen von der emotionalen und beruflichen Bindung an das Federvieh klang seine Begründung hierfür aber ziemlich nüchtern: "Ente ist mir einfach zu fett."

Lebende Legende

Mit welcher Begeisterung ihm und seinem Schaffen selbst Jahre nach der Pensionierung als Erzähler und Zeichner gehuldigt wird, durfte Carl Barks auf der gut sechs Wochen dauernden Tour in Erfahrung bringen. Sie wurde für ihn zum Triumphzug und führte vom 31. Mai bis zum 14. Juli 1994 durch ein Dutzend europäischer Länder: von Reykjavik über Oslo, Kopenhagen, Helsinki, Stockholm, Warschau, Stuttgart, München, Mailand, Lausanne, Paris und Amsterdam bis nach London. Der Mann, „der Milliarden Lächeln in Millionen Gesichter" gezaubert hat, resümierte die ihm entgegengebrachte Euphorie im Satz: „**You make me feel like a hero**" / „Sie geben mir das Gefühl, ein Held zu sein." Andererseits gab er aber zu verstehen: „Berühmt zu sein bedeutet mir nichts. Ich musste hart und lange für meinen Erfolg arbeiten, da fängt man nicht plötzlich an, durchzudrehen. Der Rummel um mich in Europa, das gebe ich zu, überrascht mich."

Blumen und seine Lieblingsente erwarten Carl Barks bei der Ankunft am Flughafen in Stuttgart.

Später Ruhm

Auf dem Flughafen der schwäbischen Metropole traf Barks am Donnerstag, 23. Juni zur Mittagszeit ein. Begrüßt wurde er von den Repräsentanten des Ehapa Verlags und der Presse. Die Journalisten liefen zur Höchstform auf und dies nicht nur, weil auch in vielen Redaktionsstuben bekennende Duck-Fans sitzen. Die *Stuttgarter Nachrichten* erwiesen Barks ihre Anerkennung mit einer großformatigen Farbsonderausgabe, welche dem Gast aus Übersee gleich bei seiner Ankunft im Flughafengebäude überreicht wurde. "25 Jahre lang schuf Carl Barks anonym für den Disney-Konzern die besten Comicgeschichten, die es zu Entenhausen jemals gab. Spät erntet er jetzt den Ruhm für sein Lebenswerk", heißt es in der Bildlegende unter dem Foto des Altmeisters auf der Titelseite. In Stuttgart absolvierte Barks während der fünf Tage seines Aufenthalts ein kompaktes Programm. Hierzu zählte zunächst der Besuch des Ehapa Verlags, wo ihn die Belegschaft mit herzlichem Applaus begrüßte. Viele der dort edierten Heftreihen haben ihren kommerziellen Erfolg dem Abdruck seiner einzigartigen Geschichten zu verdanken. Ambitioniertestes Projekt in jenen Tagen war die gerade gestartete **Carl Barks Library**, in der das unter dem Disney-Signum entstandene Gesamtwerk von Barks nachgedruckt wird. Waren im Frühsommer 1994 nur ein paar wenige Bände publiziert, steht diese in der amerikanischen Publikationsweise an die 130 Titel umfassende Kollektion nun auch in Deutschland unmittelbar vor ihrem Abschluss.

Time Wasters, ein Gemälde aus der Barks-Ausstellung.

Enten in Öl

Besonderes Augenmerk genossen in Stuttgart die nach seiner Pensionierung entstandenen **Gemälde** von Carl Barks. Diese Kunstwerke lassen auf der Leinwand in nahezu altmeisterlich gepinselter Manier bekannte Motive aus den Comics in neuer Sichtweise erstrahlen. Ort der Ausstellung war der Kuppelsaal im Württembergischen Kunstverein. Dort wurden die insgesamt achtundzwanzig Werke in neun Tagen von knapp 6.500 Besuchern gesehen. Martin Hentschel, damals Direktor des Kunstvereins, gab zu Protokoll: „Das war das **Publikumsereignis des Jahres**. Ich hab noch nie so aktive und aufmerksame Ausstellungsbesucher erlebt, ein ganz anderes Klientel als normalerweise, darunter sehr viele Kinder und Jugendliche." Auch das Wohlgefallen, mit dem der große alte Mann der Comic books die ihm entgegengebrachten Sympathien genoss und erwiderte, blieb allen Anwesenden in Erinnerung. Immer wieder gab es spontanen Beifall, auf den die „living legend" im Stil eines begnadeten **Entertainers** zu reagieren wusste. Barks verkörperte ganz den Profi, zeigte sich freundlich,

EINE DENKWÜRDIGE REISE

Was aus einer Laune heraus begann, eröffnet Carl Barks eine zweite Karriere. Von seinen G­mälden sind im Handel auch hochwertige Ku­drucke in limitierter Auflage zu bekommen.

konzentriert, vergnügt, schelmisch, glücklich, wach, pointiert, gelassen, humorvoll, bescheiden, selbstsicher, charmant. Er, der stets betont hatte, dass er seinen Lesern für ihr Geld eine adäquate Leistung bieten wollte, durfte spätestens da erfahren, dass er diesem Anspruch im fernen Deutschland mehr als gerecht geworden war. Selbst sein berühmter Satz „Manchmal denke ich, dass ich wohl etwas Besonderes gemacht habe, vielleicht sogar etwas, das beinahe Kunst war" bekam durch diese Schau in den heiligen Hallen der so genannten „hohen Kunst" eine neue Dimension.

Barks aktiv

Stets gut gelaunt und interessiert, dazu getragen von einem **unglaublichen Elan**, präsentierte sich Carl Barks seinem Publikum. All jene, die ihn in diesen Tagen näher erleben durften, fragten sich dabei nur eines: Woher nimmt er in dem Alter die Kraft, um dieses Mammutprogramm so engagiert zu absolvieren? Er gab Pressekonferenzen, führte Interviews, wurde für filmische Portraits von Fernsehteams begleitet, stand einer Hand voll ausgesuchter Donaldisten geduldig Rede und Antwort und besuchte zudem noch interessehalber Comicläden vor Ort. Dort brachte er einzelne glückliche Kunden in den überraschenden Genuss seiner wertvollen Signatur. Der Geschäftsführer von einem dieser Läden formulierte später: „Für jeden, der in dem Metier arbeitet, ist Barks eine Legende [...] Er war ja auch bei uns im Laden: Ich bin normalerweise nicht sentimental, aber das hat mich berührt und gerührt." Später, beim Besuch im Stuttgarter Rathaus, trug sich der Schöpfer der Duck-Dynastie dann ins goldene Buch der Stadt ein und traf Oberbürgermeister Manfred Rommel. Rommel – stilecht mit buntem Blümchen-Binder um den Hals und einem Donald in den Händen - antwortete auf die Frage der Presse, ob er gern **OB von Entenhausen** wäre, dass da ja wohl „der Unterschied zu Stuttgart nicht so groß" wäre. Barks – seinerseits die bunte Donald-Krawatte umgelegt - wies aber auf einen gravierenden Unterschied hin: „Dank Onkel Dagoberts Trilliarden sind die Steuersäckel von Entenhausen immer voll." Was schließlich die Mutmaßung entstehen ließ: „Wahrscheinlich ist Dagobert doch ein Schwabe." Ob dies nun stimmen mag oder nicht, dass der alte Duck ein echter „Entaklemmer" ist, daran gibt es keinen Zweifel!

Der geistige Vater von Entenhausen zu Gast im Stuttgarter Rathaus bei Oberbürgermeister Manfred Rommel.

Eine denkwürdige Reise

Zum krönenden Abschluss seines Aufenthalts in Deutschland besucht Carl Barks seine kongeniale Übersetzerin Dr. Erika Fuchs in München.

Barks trifft Fuchs

Ein historisches Treffen war der Besuch von **Carl Barks bei Dr. Erika Fuchs** in München. Am 28. Juni 1994, es war der Dienstagnachmittag, standen sich die zwei Menschen gegenüber, die bis dahin nie die Möglichkeit zu einer persönlichen Begegnung gefunden hatten. Ein Kuriosum, wo doch beide über Jahrzehnte am gleichen Material gewirkt hatten und dabei - jeder auf seine Art - zu Kultfiguren der Comicliteratur geworden waren. Hier der am 27. März 1901 geborene, 93 Jahre alte geistige Vater von Duckburgh, da die am 7. Dezember 1906 geborene, 87 Jahre alte große Dame des Entenhausen-Humors. Eine ergreifende Szene und sicherlich ein Höhepunkt dieser denkwürdigen Reise des großen Entenvaters nach Deutschland.

Orestes Bernadello

In der Kulisse von Donald Ducks Haus hat Carl Barks Platz genommen und steht für das vom Süddeutschen Rundfunk produzierte Porträt Rede und Antwort.

DER TEST

Wissen Sie bereits alles über den legendären Vater der Ducks oder haben Sie noch Wissenslücken? Mit dem folgenden Test können Sie die Probe aufs Exempel machen.
Sollten Sie befürchten, dass Sie eine glatte Null in der Barks-Kultur sind, nur Mut – die Fragen sind für alle Ebenen der Barksologie gedacht, von der Grundstufe bis zur Studienreife. Also, holen Sie Papier und Bleistift und beantworten Sie die Fragen. Spaß ist garantiert, und wenn Sie einmal nicht weiterwissen, schlagen Sie auf Seite 314 nach, dort befinden sich die Lösungen.

ALLGEMEINE KULTUR

1 – Der Stammbaum der reizenden Hexe **Gundel Gaukeley** weist eine berühmte mythologische Zauberin auf! Welche?

2 – Micky Maus ist eine anthropomorphe Maus, Goofy ein Hund, Kater Karlo eine Katze. Aber zu welcher Tierart gehört **Franz**?

3 – Welche Straftat begehen **Tick, Trick und Track** in der wunderbaren Geschichte *Im Land der viereckigen Eier* (*Lost in the Anden*, BL-DD 10/1)?

4 – Denken Sie gut nach: Trägt **Daniel Düsentrieb** seine Schuhe an Schwimmfüßen, an Hühnerfüßen oder an menschlichen Füßen?

5 – In welcher Epoche hat **Barks** Geschichten mit Nicht-Disney-Figuren wie Bugs Bunny, Barney Bear oder Andy Panda geschaffen? Bevor er sich den Ducks widmete oder währenddessen?

Sind sie BSophil?

■ **6** – An den Wänden von **Donalds** Haus befinden sich verschiedene Bilder von Gänsen und Enten, aber gelegentlich auch von Säugetieren. Handelt es sich dabei um Schweine, Esel, Pferde oder um Kühe?

■ **7** – Ist der Flößer **Wastel Duck** (Whitewater Duck), der in der Geschichte *Gar lustig ist die Flößerei* (*Log Jockey*, BL-WDC 46/3) auftritt, ein Onkel, ein Vetter, ein Neffe oder ein Großneffe von Donald, oder ist er überhaupt nicht mit ihm verwandt?

■ **8** – In der Geschichte *Die olympische Idee* (*The Olympic Hopeful*, BL-WDC 30/4) hat sich Barks als leidender Sportler **karikiert**. Welche Sportart übt er aus und worunter leidet er?

■ **9** – Einer der großspurigen Gegenspieler von Dagobert Duck ist der **schwerreiche Texaner** Longhorn Tallgrass. Wissen Sie, in welchen Barks-Geschichten er auftritt?

NUR EINE ANTWORT STIMMT

■ **1** – Wie heißt die erste *Comicbook-Story*, für die Barks das Script verfasst hat?
a) *Piratengold*
b) *Pluto Saves the Ship*
c) *Der Rabe Nimmermehr*
d) *Arturo, der Affe*

■ **2** – Barks gab Donalds Vetter und Rivalen Gustav Gans den Namen **Gladstone Gander** und stellte ihn gleich bei seinem ersten Auftritt als arroganten Glückspilz vor, der sich Donalds Haus unter den Nagel reißen will. Aus welchem Grund?
a) Weil er kein eigenes hat.
b) Weil Donald eine Wette verloren hat.
c) Weil Donald Schulden bei ihm hat.
d) Weil er es beim Preisausschreiben gewonnen hat.

■ **3** – Aus welcher Gegend stammt der steinreiche **Mac Moneysac**, ein Erzrivale Dagobert Ducks, bei seinem ersten Auftritt in *Der zweitreichste Mann der Welt* (*The Second-Richest Duck*, BL-OD 11/1)?
a) Aus Schottland.
b) Aus Klondike.
c) Aus Südafrika.
d) Von den Karibischen Inseln.

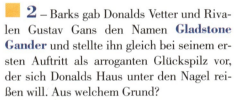

DER TEST

4 – Weshalb ist **Bombastium** so kostbar?
a) Weil es Altmetall in Gold verwandelt.
b) Weil es aus dem legendären Atlantis stammt.
c) Weil es dazu dient, enorme Mengen an Eis zu produzieren.
d) Weil es ein Glücksbringer ist.

5 – Welche von den aufgelisteten Figuren hat Carl Barks **nie gezeichnet**?
a) Ede Wolf.
b) Primus von Quack.
c) Panchito Pistoles.
d) Dumbo.

6 – Onkel Dagobert liebt ganz besonders sein erstes **Geldstück**, das er als kleiner Junge in Schottland verdient hat. Wissen Sie, was es für eine Münze war?
a) Ein Taler.
b) Ein Kreuzer.
c) Ein Zehner.
d) Ein Penny.

7 – Wie nennen sich die **Bewohner der Everglades**, die Barks in der Geschichte *Die Sumpfgnome* (*Mystery of the Swamp*, BL-DD 3/2) präsentiert:
a) Menehunes.
b) Gnixe.
c) Zuda.
c) Zwergindianer.

RICHTIG ODER FALSCH?

■ **1** – Der Papagei **Kakadu** (im Original Old Yellow Beak) tauchte als Pirat in der ersten Donald-Geschichte von Barks, *Piratengold* (*Donald Duck finds Pirate Gold*, BL-DD 1/1), auf. Später erschien er noch einmal in der Geschichte *Donald und das mathematische Wundertier* (*Donald Duck and the pixilated parrot*, BL-DD 15/4), nur diesmal ohne Kostüm.
- Richtig oder falsch?

■ **2** – Bei ihrem ersten Auftritt in der Geschichte *Donald Duck und sein reicher Onkel in Amerika* (*Terror of the Beagle Boys*, BL-WDC 19/5) waren die Panzerknacker nur zu dritt und das blieben sie dann auch.
- Richtig oder falsch?

■ **3** – In den Duck-Geschichten zeichnete Barks zu verschiedenen Gelegenheiten die folgenden **Zauberinnen** und **Hexen**: Gundel, Madam Mim, Hulda und die Hexe aus Schneewittchen.
- Richtig oder falsch?

■ **4** – Barks hat nur eine **einzige Micky-Maus-Geschichte** gezeichnet, aber er hat die Maus mehrmals in seinen Ölbildern gemalt.
- Richtig oder falsch?

■ **5** – Barks hat 1967 an dem Drehbuch zu dem Trickfilm *Scrooge McDuck and Money* mitgearbeitet.
- Richtig oder falsch?

■ **6** – Barks hat das Helferlein von Daniel Düsentrieb als Hommage an Thomas A. Edison kreiert und es bisweilen auch Edi genannt.
- Richtig oder falsch?

■ **7** – In der deutschen Übersetzung der Donald-Geschichte *Trick or Treat* (*Spendieren oder Schikanieren*, BL-DD 21/1) wurde das traditionelle amerikanische Fest **Halloween** in die Walpurgisnacht verwandelt.
- Richtig oder falsch?

Der Test

WIE STEHT'S MIT GEOGRAFIE?

■ **1** – Wo wurde der **Goldene Helm** gefunden?

■ **2** – In welcher Gegend des **Westens** findet die Begegnung zwischen Donald und dem schrecklichen Blacksnake McQuirt statt?

■ **3** – Wo befindet sich die **Hexenküche** von Gundel Gaukeley?

■ **4** – Im Jahre 1952 begegnet Onkel Dagobert einem schwerreichen **Maharadscha**, der ein riesiges Monument bauen lässt. Wissen Sie, aus welchem Land der Maharadscha kommt?

■ **5** – Wie heißt die vulkanreiche und Erdbeben geplagte südamerikanische Region, in der Donald und die Neffen mit einem Flugzeug Typ B 197-NG landen?

■ **8** – In der Geschichte *Oma Duck und der Einbrecher* (*Welcome Guests*, BL-WDC 19/3) treten die beiden Mäuse **Jacky und Karli** auf, die sich auf Oma Ducks Heuboden häuslich niedergelassen haben. Es gibt aber noch eine Geschichte, in der Barks die beiden Nager mit ihrem ärgsten Feind, dem Kater Luzifer, auftreten lässt.
- Richtig oder falsch?

■ **3** – In wie vielen Geschichten lässt Barks den reichen Erpel **Klaas Klever** auftreten?

■ **4** – **Wie viele Comic-Geschichten** von Barks gibt es?
Zwischen 500 und 600,
zwischen 600 und 1000,
oder waren es mehr als 1000?

■ **5** – Welche Nummern tragen alle Panzerknacker (außer Opa Knack) auf den Schildern vorne auf ihren **Pullovern**?

Ende des Tests.
Die Lösungen finden sich ab der
Seite 314.

■ **6** – In welcher Region treffen die Ducks auf den **Goldenen Mann**, den großen Indio des mythischen El Dorado?

■ **7** – Wissen Sie, wie die große gotische **Kathedrale Entenhausens** heißt, in der Donald, Onkel Dagobert und die Neffen einer mysteriösen dunklen Gestalt begegnen?

ZAHLEN

■ **1** – Wie viele **Nichten** hat Daisy Duck?

■ **2** – Barks hat die Menge der Taler, die sich in Onkel Dagoberts Geldspeicher befinden, mit einer **geometrischen Größe** angegeben. Mit welcher?

STELLEN SIE FEST, WIE BARKSFEST SIE SIND!

Lösungen

ALLGEMEINE KULTUR

1. Gundel bezieht sich auf niemand Geringeres als **Circe** aus Homers *Odyssee*, die Zauberin, die Menschen in Tiere verwandeln konnte.

2. Franz ist ein Ganter, eine männliche **Gans**, wie sein Nachname schon vermuten lässt, der auch im Original Goose lautet.

3. Die drei Neffen machen **Kaugummiblasen** (siehe unten) und das in einem Land, in dem alles, selbst die Eier, vorzugsweise eckig beziehungsweise viereckig ist.

4. Daniel Düsentrieb hat tatsächlich **menschliche Füße**. Barks hat sie sogar mit jeweils fünf Zehen gezeichnet.

5. Währenddessen.

6. Es sind **Kühe**. Auf einem Bild posiert sogar eine wie die berühmte Skulptur *Der Denker* von dem französischen Bildhauer Rodin.

7. Wastel Duck ist, laut dem Stammbaum, den Don Rosa ermittelt hat, ein **Vetter** von Donald und ein Bruder von Degenhard Duck.

8. Barks hat sich als **Speerwerfer** karikiert (rechts zu sehen), für den der Wettkampf jäh durch eine heftige **Heuschnupfen-Attacke** beendet wird.

9. Der schwerreiche Longhorn Tallgrass taucht nur in **zwei Geschichten** auf: *Das gibt es nur in Texas* (*Uncle Scrooge and the Fabulous Tycoon*, BL-OD 15/2) und *Verlorenes Mondgold* (*The Twenty-Four Carat Moon*, BL-OD 15/3).

NUR EINE ANTWORT STIMMT

1. b) *Pluto Saves the Ship* (CBL VII/3/731) war Barks erste Comic-Geschichte, zu der er das Script verfasst und die er gemeinsam mit Jack Hannah gezeichnet hat. *Piratengold* (*DD finds Pirate*

Gold, BL-DD 1/1) war Barks erste Donald-Geschichte, das Script stammt allerdings von Bob Karp.

2. b) Donald hat mit Gustav **gewettet**, dass er im Winter im Freien baden würde. Als es dann am Neujahrstag 30 Grad unter null ist, will Gustav die Wette einlösen, doch es gelingt einfach nicht, Donald ins Wasser zu bekommen. Damit hat Donald die Wette verloren und Gustav verlangt sein Haus als Preis. In letzter Minute gelingt es Daisy, das Haus zu retten, indem sie mit Gustav wettet, dass er keine 10 Liter Limonade in einer Stunde trinken kann (*Die Wette / Wintertime Wager*, BL-WDC 12/2).

3. c) In der Geschichte *Der zweitreichste Mann der Welt* stammt er aus **Südafrika**. Erst für die TV-Serie *DuckTales* wurde er zum gebürtigen Schotten gemacht.

4. c) Das Bombastium dient dazu, unermessliche Mengen an **Eis herzustellen** und taucht in der Geschichte *Fragwürdiger Einkauf* (*A cold Bargain*, BL-OD 12/1) auf.

5. c) Panchito Pistoles. In der Geschichte *Daisy Duck - Die doppelte Verabredung* (*Daisy Duck's Diary – The Double Date*, CBL VI/2/393) hat Barks zwar einen Hahn gezeichnet, der Panchito ähnlich sieht und der auch mit Klara Kluck befreundet ist, aber Guido Gockelstet (Rockhead Rooster) heißt. Dumbo und Ede Wolf hat Barks tatsächlich in Oma-Duck-Geschichten gezeichnet, ebenso Primus von Quack in *Onkel Dagobert - Blumen sind Blumen* (*Flowers are Flowers*, BL-OD 2/37), seinem einzigen Auftritt im barks'schen Universum.

6. c) Ein **Zehner** (dime), auch wenn er gelegentlich in Geschichten, die nicht von Barks stammen, fälschlicherweise Kreuzer genannt wird.

7. b) Gnixe. Die Menehunes sind hawaianische Mainzelmännchen, die die Ducks in *Unternehmen Inselfrieden* (*Uncle Scrooge in Hawaiian Hideaway*, BL-OD 4/3) aus den Händen der Panzerknacker befreien. Die Zudas leben in Westafrika und setzten in *Wudu-Hudu-Zauber* (*Donald Duck in Voodoo Hoodoo*, BL-10/2) aus Rache den Zombie Bombie auf Dagobert an. Die Zwergindianer wohnen in einem angeblich menschenleeren Gebiet am Oberen See.

RICHTIG ODER FALSCH?

1. Falsch. Der Papagei aus *Donald und das mathematische Wundertier* heißt nicht Kakadu, sondern Polly (oder Jakob in *Der zählende Papagei*, einer zweiten Übersetzung). Es ist also nicht derselbe Papagei.

2. Richtig. Von der ersten bis zur letzten Zeichnung, auf der sie in *Donald Duck und sein reicher Onkel in Amerika* zu sehen sind, sind es nur drei Panzerknacker. Die Frage bezog sich nicht auf die dann folgenden Panzerknacker-Geschichten, sondern auf

STELLEN SIE FEST, WIE BARKSFEST SIE SIND!

die weiteren Auftritte der Ganoven in der erwähnten Story.

3. Falsch. Es gibt keine Verbindung zwischen Gundel und Madam Mim (die Barks nicht einmal in einem Comic gezeichnet hat, sondern nur auf einem Cover). Mim ist das Werk von Dick Kinney und Jim Flechter. Ob die Hexe in *Der goldene Weihnachtsbaum* (*The Golden Christmas Tree*, BL-DD 9/2) wirklich die Hexe aus *Schneewittchen* ist, wird allerdings nicht klar. Es wird nur erwähnt, sie sähe ihr ähnlich.

4. Richtig. Er hat ihn in Form einer Puppe und auch als Person gemalt. Ein Beispiel für die Micky-Puppe ist in *Uncle Walt's Collectery* zu finden. Ein Bespiel für die Maus in Person: *A 1934 Belchfire Runabout!*

5. Falsch. Barks wurde zwar 1955 gebeten, einen Entwurf für einen Kurzfilm mit Onkel Dagobert zu verfassen, dieser wurde jedoch abgelehnt. Mit dem Trickfilm *Onkel Dagobert und die Taler* hatte er aber nie etwas zu tun.

6. Falsch. Barks hat den kleinen Roboter mit der Glühbirne einfach nur helper (Helfer) genannt. Im deutschen Sprachraum ist er als Helferlein bekannt. In Italien heißt er jedoch in Anlehnung an den amerikanischen Elektrotechniker Thomas A. Edison tatsächlich Edi.

7. Richtig. Als die Geschichte übersetzt wurde, war Halloween hierzulande kaum bekannt. Vermutlich verdanken wir dieses Fest ohnehin eher John Carpenters Horrorfilm *Halloween*.

8. Falsch. In der Geschichte *Oma Duck und der Einbrecher* tauchen zwar die beiden Mäuse auf, aber Barks hat sie nur in dieser einen Geschichte verwendet. Ihr Gegenspieler ist zudem Kater Karlo, denn Luzifer ist keine Barks-Figur, sondern stammt von Riley Thompson.

WIE STEHT'S MIT GEOGRAFIE?

1. An der Küste **Labradors**.

2. Die Gegend nennt sich **Bullet Valley**.

3. Ihre Hexenküche hat Gundel am **Hang des Vulkans Vesuv**.

4. Der Maharadscha kommt aus **Zasterabad** (Howduyustan).

5. Sie heißt **Vulkanien** (Volcano Valley).

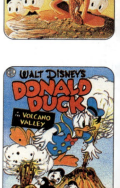

6. Die Ducks treffen ihn in **Carambia**.

7. Die gotische Kathedrale aus der Geschichte *Das Münstermännchen* (*The Phantom of Notre Duck*, BL-OD 31/1) ist das **Entenhausener Münster**, das große Ähnlichkeit mit Notre Dame in Paris hat.

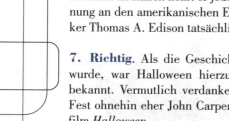

ZAHLEN

1. Daisy Duck hat **drei** Nichten.

2. Es sind drei **Kubikhektar**.

3. Klaas Klever taucht in nur **einer Geschichte** auf: *Donald Duck und das Bootsrennen* (*Boat Buster*, BL-WDC 44/1).

4. Barks hat zwischen **600 und 1000** Geschichten realisiert. Davon bis 1976 rund 690 mit Disney-Figuren.

5. Die Nummer **176**.

PUNKTE:

Haben Sie alle Antworten gefunden?

Kompliment, Sie müssen ein führender Barksologe sein! Hüstel ... zu schade aber auch, dass unsere Posten schon besetzt sind ...

Sie haben zwischen 20 und 35 Fragen richtig beantwortet?

Sie sind nicht nur ein hervorragender Barksologe, der fast alles über seinen Meister aus Oregon weiß, Sie haben auch Sinn für einen etwas unkonventionellen Humor. Glücklich, wer Sie kennt!

Sie haben zwischen 10 und 20 Fragen richtig beantwortet? Nun gut, trotzdem ...

... sind Sie ein echter Liebhaber des Universums von Disney, mit einer Vorliebe für die Ducks. Sie könnten noch gut werden!

Sie haben nur zwischen 5 und 10 Fragen richtig beantwortet?

Verzweifeln Sie nicht! Aber Sie sollten besser sämtliche *Barks Library*-Alben noch einmal lesen und dabei genau hinschauen!

Was? Keine richtige Antwort?

Tja ... aber Sie halten gerade den ultimativen Einstieg ins Barks-Universum in Ihren Händen. Unser Tipp: Lesen Sie es - Spannung und Überraschung sind dabei garantiert.

50 Jahre

DANIEL DÜSENTRIEB

Zahlreiche Abenteuer der Ducks wären ohne seine zahllosen Erfindungen gar nicht möglich gewesen. Daniel Düsentrieb: Der Diplom-Erfinder, dem kein Problem zu groß, keine Herausforderung zu klein ist. Der Erdenker der trägerlosen Hängematte, des automatischem Türöffners, der geräuschlosen Rakete, des Rückenkratzers mit Dampfantrieb (Patent abgelehnt) usw. Nur gut, dass er in seinem Helferlein, dem Minimännchen mit dem markanten (und manchmal äußerst unpraktischen) Glühbirnenköpfchen einen idealen Verbündeten hat. Gemeinsam erfindet es sich doch leichter. Daniel Düsentrieb und Helferlein – ein kongeniales Duo.

Disney-Jubiläumsalbum
Dem Ingeniör ist nichts zu schwör

50 Jahre Daniel Düsentrieb
48 Seiten, Softcover
Format 21,6 x 28,7 cm
€ 8,60 [D] / € 8,90 [A] /sFr16.90
ISBN 3-7704-2793-9

FÜR NEUE UND ALTE FANS DES GROSSEN DUCKMAN

Barks nutzte das Wissen der Welt und die Umtriebe der Menschen, um sie auf eine wunderbare Weise ad absurdum zu führen. Die Enten, das sind wir. Entenhausen ist überall.

Der Tagesspiegel

Barks Comics & Stories
Buch 1: Band 1–3
164 Seiten, Hardcover
ISBN 3-7704-2175-2
€ 15,30 [D] /
€ 15,80 [A] / sFr 29.90

Barks Comics & Stories
Buch 2: Band 4–6
164 Seiten, Hardcover
ISBN 3-7704-2176-0
€ 15,30 [D] /
€ 15,80 [A] / sFr 29.90

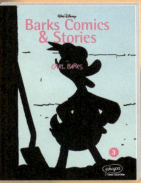
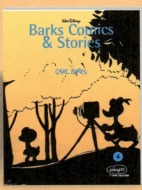

Barks Comics & Stories
Buch 3: Band 7–9
164 Seiten, Hardcover
ISBN 3-7704-2177-9
€ 15,30 [D] /
€ 15,80 [A] / sFr 29.90

Barks Comics & Stories
Buch 4: Band 10–12
160 Seiten, Hardcover
ISBN 3-7704-2178-7
€ 15,30 [D] /
€ 15,80 [A] / sFr 29.90

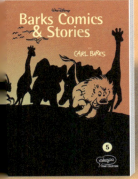
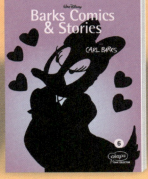

Barks Comics & Stories
Buch 5: Band 13–15
Seiten, Hardcover
ISBN 3-7704-2179-5
€ 15,30 [D] /
€ 15,80 [A] / sFr 29.90

Barks Comics & Stories
Buch 6: Band 16–18
160 Seiten, Hardcover
ISBN 3-7704-2180-9
€ 15,30 [D] /
€ 15,80 [A] / sFr 29.90

www.ehapa.de

Walt Disneys MICKY MAUS

DIE FRÜHEN JAHRE

In der preiswerten Buchedition

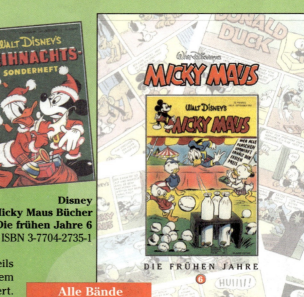

**Disney
Micky Maus Bücher
Die frühen Jahre 6
ISBN 3-7704-2735-1**

In chronologischer Reihenfolge werden jetzt jeweils sechs Hefte aus den fünfziger Jahren in einem hochwertigen Hardcovereinband präsentiert. Alle Bände enthalten einen exklusiv erstellten, reich bebilderten redaktionellen Beitrag zur Zeitgeschichte.

Alle Bände
208 Seiten, Hardcover
€ 15,30 [D] / € 15,80 [A]
sFr 29.90

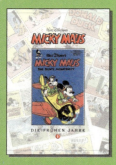
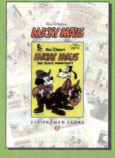
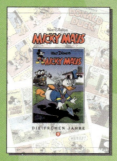
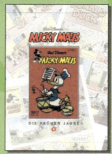

**Disney
Micky Maus Bücher
Die frühen Jahre 1
ISBN 3-7704-2730-0**

**Disney
Micky Maus Bücher
Die frühen Jahre 2
ISBN 3-7704-2731-9**

**Disney
Micky Maus Bücher
Die frühen Jahre 3
ISBN 3-7704-2732-7**

**Disney
Micky Maus Bücher
Die frühen Jahre 4
ISBN 3-7704-2733-5**

**Disney
Micky Maus Bücher
Die frühen Jahre 5
ISBN 3-7704-2734-3**

www.ehapa.de